U0141134

優渥叢書

優渥叢書

優渥叢書

諸葛亮的買進投資日記

諸葛亮、JH ◎著　姜自強◎技術顧問

我用程式科學，躺賺
存股、期貨、加密貨幣、ETF 的獲利公式！

CONTENTS

第3章 我用美股分散風險，建議未來10年買進標的是……

第4章 懶人、無腦、不看盤，跟我這樣買 ETF 輕鬆獲利 140%！

第5章 以小賺大的加密貨幣，我認為是最適合年輕人的金融商品！

第6章 用期貨的價差操作，我不盯盤也能長期獲利 100%！

第7章 用選擇權的操作公式，跟著我一個月獲利超過3倍！

前言

教你用簡單的交易策略，奪回人生選擇權

各位好，我們是諸葛亮與 JH。

我們原本都是每天準時打卡的上班族，因為對研究各種金融商品的交易策略有興趣，並且深信可以透過交易，改變原本平凡無奇的人生，讓自己有本錢與時間陪伴家人，並且專心追求真正想做的事業，於是一起合作。

2020 年，我們研發的策略績效逐漸顯現，2021 年得到大豐收。2022 年遇到全球貨幣政策緊縮潮，績效不如預期，但整體績效的表現還是比大盤好。2023 年初，原本不覺得策略績效會特別好，沒想到年中又開始回升，而且還創了新高，達成當初堅信不移的目標「**透過交易改變命運，奪回自己人生的選擇權**」。

這幾年在交易的路上吃過許多苦頭，經歷過被家人朋友質疑、懷疑自己、賠錢等等，但還是堅持過來了，努力終於有成果，我們非常珍惜這得來不易的結果。

有鑑於我們是從許多書中學到交易知識，也了解投資新手從一開始什麼都不懂到成為市場上的常勝軍，這段路程所需要遵守與避免的法則。因此非常希望能夠透過書籍，傳達正確的投資觀念與心

法。也想分享這幾年來的交易概念與策略的研究成果，為社會奉獻一己之力，讓更多人知道交易可以帶給他們的好處，使這個世界更美好。

無論你是新手還是經驗豐富的投資人，相信都能運用本書的知識，提升自己在交易領域的能力。同時也能了解在這個世代，還有什麼新興金融商品可以參與，讓自身投資績效有機會突破歷史紀錄！就像股神巴菲特的戰友查理・蒙格所說的：「哪一年你不曾打破一個你最愛的觀念，那你這一年就白過了。」

我們的交易秘笈皆公開於本書，**所介紹的10個策略都是經過無數個夜晚的電腦模擬測試、驗證可行性才得出的，並且部分策略有實際下單**，內容非常淺顯易懂，就等著各位去挖寶。

做交易是為了享受人生和陪伴家人，財務自由心就自由。當時間自由，就會有更多時間從事自己的興趣、充實人生。像我們這樣的平凡人都能做到，相信各位一定也可以。期望各位可以跟我們一樣在交易這條路上，找到屬於自己的光芒！

第 1 章

平凡的我們，得靠交易重生！

1-1

從《海龜交易法則》找到致勝關鍵，不再領死薪水

❖ 平凡上班族，找到擺脫窮忙的一線之光

各位讀者好，我是諸葛亮。

我沒有任何財經背景，甚至曾經非常排斥投資這件事。大學時的女友原本家境很好，但她爸爸拿房子去抵押買股票後，欠了一屁股債。

為了還清債務，她與兄弟姊妹只好拼命工作，大部分的收入都必須上繳。在財務非常吃緊的情形下，還得用信用卡借款度日子，甚至連幾百塊的機車強制險都有困難，我還曾經主動協助支付，讓她們一家度過難關。我受這件事情的影響很深，因此學生時代對金融投資非常非常反感，認為未來絕對不要輕易接觸到這塊，以免落得還債生活的困境。

大學畢業後，我一直在知名大型外商公司工作，很認命地每天過著上班族生活。心想只要再努力一點，一定可以被公司看見、被升遷、領到更高的薪水。於是更加拼命工作，把時間與精力都奉獻

給公司，為的就是讓家庭幸福美滿、小孩快樂成長，成為給得起的人，不為錢所擾。

理想很豐滿，但現實很骨感。許多同事為了得到主官賞識，每天做報告演戲，成天拍馬屁。但只要工作出包，就把責任推來推去，主管們追究下來，一定是最菜的那位受懲處。很明顯地可以體會出有功沒有我，出槌一定找我開槍。但為了有收入來源，即使在職場上遇到不公不義，多半我也忍氣吞聲，整天為了做報告而做報告，工作壓力非常大，一度在短短幾週瘦了十幾公斤。

那段期間我突然發現，自己深信已久的「找一份工作，努力上班，過上好生活」根本不可靠。反倒每天都很懼怕被公司資遣，還因此失眠，怕自己六十幾歲時還得四處找工作，像商品一樣被人挑三揀四。

為了脫離這樣的惡性循環，腦海中不斷告訴自己：不能只有一個收入來源。因此設想過要賣二手貨、開燒烤店、夾娃娃店等等，但被迫於沒有幾十萬到上百萬的本錢，且無法承擔開店初期收入不穩定，只能再找其他出路。

❖ 改變人生的一本書

2013 年年底因緣際會下，偶然接觸到《海龜交易法則》這本書，完完全全顛覆了我三十幾年來對金融交易的思維。於是，當天就在網路上訂了《海龜交易法則》這本改變我一生的書。

《海龜交易法則》是由知名交易員克提斯．費斯（Curtis M. Faith）撰寫，序論中先介紹美國兩位知名期貨交易專家的打賭故事，分別是理查・丹尼斯（Richard Dennis）與他的夥伴威廉・艾克哈特（William Eckhardt）。

理查・丹尼斯早年用少少的千元美金，在期貨市場創造出千萬績效的輝煌戰績，因此他非常相信「做交易是可以透過後天的訓練學會，每個人都有機會成為優秀的交易員」。但威廉・艾克哈特認為做交易得靠天份，教不來的。

有一次他們去新加坡參觀一家海龜養殖場時，又為了交易是否學得來這個話題爭論不休。理查・丹尼斯強調，他們也可以培養交易員，就如同這些海龜可以在新加坡被養殖一樣。兩人討論到最後依舊沒有結論，於是決定回美國後要找一群人像養殖海龜一樣培育他們學做交易，來驗證交易是否可以學習。

他們回國後真的在《華爾街日報》、《紐約時報》、《巴倫周刊》等主要媒體刊登廣告，錄取了不同行業的人。1983 年正式開設海龜交易法則特訓班，並提供這批人幾十萬到上百萬美元，去實際操作帳戶。

《海龜交易法則》的作者克提斯・費斯，在 19 歲時加入這個海龜交易法則特訓班，完全照著簡易又明瞭的法則執行交易。1987 年時作者 24 歲，為理查・丹尼斯賺進 3,500 多萬美金，是所有「海龜」中賺最多錢的一位，平均年化報酬超過 80%。證實了：只要透過適當訓練，每個人都可以創造出穩定且超水準的投資報酬，因此交易技巧是可以傳授及靠後天學習的。

看完這本書後我整個人非常興奮，簡直像找到救星，也發現以前對投資交易的誤解太深了。

一開始提到的大學女友故事，家裡是借錢投資，加上只集中買幾檔股票，判斷失誤使所有資產都賠光了，連子女的未來都一起賠給市場了。

借錢投資、將錢全部投入特定標的、完全不執行停損，都是投資交易不應該做的事情。既然知道這是一條死路，不要走就好了，前面還有好多條光明的道路等著我。就像把原本已經裝滿水的杯子清空，讓自己變成空杯，有空間可以吸收最重要的投資相關知識。

我花了很多心力看書、閱讀網路文章與看影片，把《海龜交易法則》讀了至少 10 遍，就當給自己一個機會。既然年僅 19 歲的克提斯．費斯做得到，相信我也可以透過學習與實踐，在市場上做對的事情，成為一名可以立足於市場的投資人。

❖ 海龜交易法則的 5 大核心

在閱讀《海龜交易法則》的過程中，我被書中介紹的 5 大核心深深影響。對於日後發想策略，與建構交易系統的幫助非常大，在此與各位分享。

1. 掌握交易優勢：從長期的思考忽略個別交易的結果，找出具有長期交易優勢，也就是獲利大於虧損的策略。
2. 管理資金與風險：控制好資金運用與承擔的風險，在策略發揮作用前，讓你可以持續在市場中進行交易，
3. 持之以恆：貫徹始終地確實執行策略，讓策略績效完全展現出來。
4. 保持單純：化繁為簡，相較於複雜的策略，單純的策略更容

易適用於不同的市況，也就是適應能力比較強。

5. 避免觸犯結果偏差：人類盼望價格上漲、恐懼損失、貪婪加碼與絕望賠錢的情緒，會嚴重影響交易決策。因此要徹底認知到這些行為偏差並避免誤觸，才能對策略的操作堅持到底。

依照這5大核心，作者一步步講解海龜交易法則的策略原理、操作技巧、停損加碼機制與資金管理。即使我沒有受過正式的交易訓練，書中大部分內容也能看懂。

例如短期移動平均線穿越長期移動平均作為買賣的訊號系統，與利用標準差結合相對長期移動平均線創建出來的突破系統策略，採用交易模擬軟體「Trading Blox Builder」進行測試。從1996年1月至2006年6月，10年期間上述兩個策略的年化報酬皆有50%以上，最大下跌介於31%至35%，皆是非常不錯的成績。有興趣的朋友可以參閱《海龜交易法則》中的第10單元「海龜交易法：逐步介紹」。

作者一再強調交易時容易犯下的錯誤、盲點與人性弱點。華爾街最偉大的股票作手傑西．李佛摩（Jesse Livermore）也曾經說過：「投資者最大的敵人就是人的本性。」所以交易前一定要把心態擺正，才可以一心一意地按照策略條件與風險控制機制進行交易，不參雜任何個人主觀意見與情感，最後就能確實反應出投資策略該有的績效。

海龜的成員們運用幾個簡單的交易法則，就賺進數千萬元財富。但許多人不相信靠單純的觀念就可以賺到錢，認為投資市場裡一定有不可告人的秘密，需要透過複雜的系統才可以找到，因此成為遵守交易法則的阻礙。唯有克服這些這些心魔，才能讓期望值為正的交易策略持續發揮功能。

因為不想再過著每天焦慮及平庸的生活，也想擺脫當韭菜的命運。在這樣的強烈慾望之下，我花了很多心力與時間，閱讀許多關於交易投資的書籍與網路相關文章，以無數個夜晚進行電腦模擬測試。

別人下班後的生活可能是追劇、玩遊戲與看電影，但我下班後的生活就是學習各種標的的交易模式，以及找尋投資致勝的關鍵。

古人說：「一日之計在於晨」，身為普通上班族的我白天奉獻給公司，因此我的一日之計在於黃昏。就這樣持續多年過著白天上班、晚上研究投資的日子，老實說真的蠻累。

也曾經想放棄，但只要有這樣的念頭出現，就會告訴自己：「上班不會沒飯吃，但會被老闆與主管控制人生，想要擺脫上班生活，就要有創造收入的能力。」

❖ 研發出獨有的交易策略

之後我依循著《海龜交易法則》，及幾本投資經典著作（注）所分享的觀念想法、策略發想過程與市場上恆久不敗的機制，真的發展出屬於自己的交易策略。

一開始學習的時候，不侷限於一個投資商品，股票、期貨、選擇權等都嘗試，就是希望找到長期可以賺錢的交易模式，不為市場的紛紛擾擾所影響。因此我能創造出專屬於不同標的的策略，發現致勝關鍵，徹頭徹尾改變自己的人生。

現在的我有更多時間陪伴家人與朋友，也有自己的交易事業。這一路走來，受到太多前輩們的幫助，慶幸生活在這樣知識共享的時代，才能擺脫上班的輪迴，走上財富自由的人生。

人類要進步需要互相分享知識，並且在現有的基礎上精益求精是非常關鍵的一環。因此我想要透過這本書，傳遞從事交易十年來的心得與策略。

無論你是投資新手還是老手，希望都可以透過本書找到交易的真諦，複製與傳遞我的交易績效，像我一樣改變自己的人生，不再為金錢煩惱，甚至發揮更多潛力，讓這個世界更加美好！

注：賴瑞・海特（Larry Hite）著的《超速贏利：金融怪傑賴瑞・海特的順勢交易原則》、傑諾米・席格爾（Jeremy J. Siegel） 著的《長線獲利之道：散戶投資正典》、馬克・米奈爾維尼（Mark Minervini）著的超級績效系列與許溪南著的《選擇權交易原理與實務》等。

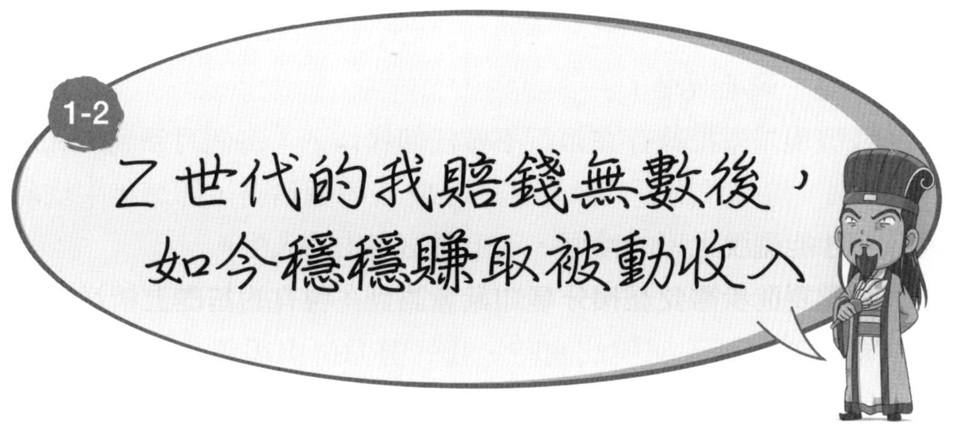

❖ 從人生勝利組，一步步對未來幻滅

大家好我是 JH，是佔台灣人口總數 16% 至 20% 的 Z 世代一員（注）。我的個性務實，很願意想方設法賺錢，以提升生活質量。因此看到機會時，評估風險後如果承擔得起，我都很願意嘗試。

我從小就非常認真念書，期望未來可以考上一所還不錯的大學、進入大公司工作，以保障收入、生活與未來。之後運氣不錯考上國立政治大學，就學期間為了賺取一些生活費，在補習班兼差也擔任家教。

這段打工經驗讓我深刻體認到賺錢不容易，因此更珍惜每一分辛苦賺來的錢，也努力儲蓄，避免不必要的花費。但是這樣的觀念，在我認知到通貨膨脹與負利率政策，是如何一步步侵蝕資產之

注：Z 世代是指 1990 年代末期至 2010 年代初期誕生的人。

後，一點一滴地改變了。

我發現乖乖把錢存在銀行不做任何操作下，每個月領到的利息不到1%。但學校附近的飲料店、小吃店與麵包店，卻每年平均調漲至少3%。

用簡單的數學比較後，我開始意識到：存在銀行的錢，會變得越來越沒有價值。而與此同時，我的勞力付出卻還是保持相同水準，因此開始尋找解套方法，並接觸投資理財的相關知識。

許多人初次進入投資市場時，首選的金融商品通常是股票，我也不例外。當時有親戚推薦我可以考慮投資金融股，因為相對穩定，而且還能每年領股息。許多財經雜誌也推薦這樣的投資方式，因此我就開了一個證券戶頭。

人生中第一次買股票，是入手開發金（2883）與新光金（2888）。當時1股股價落在10元至13元左右。完成交易後，我感到非常興奮，認為這樣一來就不用擔心通膨這隻怪獸再侵蝕我的資產價值。

結果我如同反指標，買進開發金與新光金不久後，股價就持續下跌，跌到10元以下，變成名副其實的雞蛋水餃股。當時的我沒有停損認賠的概念，只是想著反正每年還有股息可以領，不賣就不等於虧損，那是未實現損益，金融股這麼穩定一定會再漲上來的。

之後正好是畢業季，我開始著手找工作，投資這件事暫時被擱置一旁，完全沒有理會它。

很幸運的是，大學畢業前我成功應徵上四大會計師事務所（簡稱四大）的工作。四大在全球享有極高的聲譽，九成以上的公開發行公司財報，都由這四家會計師事務所負責簽核。

在四大工作的前輩、學長姐及親朋好友都為我感到開心，建議我在事務所好好磨練。過幾年從事務所「畢業」後，便能輕鬆應徵上其他公司的財會主管，甚至是財務長 CFO，收入就會水漲船高。

當時涉世未深的我，聽到這份工作收入好像很高、又是簽核許多上市櫃公司財報的事務所，如果將來好好規劃投資理財，我的前途無限。就這樣帶著天真無邪的想法，進入會計師事務所工作。

但開始工作之後，就發現「代誌不是憨人想的那麼簡單」。事實上確實非常不簡單，四大的忙季通常集中在每年一到五月，這段時間非常非常忙碌、工作壓力極大，星期一到六都要上班，平均工時高達每天 15 個小時。也就是說早上 9 點進公司，凌晨 1、2 點才能回家，過著兩點一線的生活，每天奔波於公司與家裡。

那時我心想：這好像不是我要的生活，都加班到這個程度了，每天仍有一堆做不完的工作。但人是環境的動物，我周遭的人都勸我撐下去撐下去，不要當一個草莓族。於是我一邊撐著，一邊幻想著從事務所跳槽後，未來一定會非常美好，就這樣度過了第一年的忙季。

到了淡季時，下班後終於有一些自己的空檔，我開始拚了命研究投資理財。除了原先的抗通膨目標外，也希望增加被動收入，期許能提早擺脫上班的枷鎖。當時，我閱讀了許多財經新聞、專家與網紅的文章，覺得他們說得都很有道理，作為一個投資新手要好好學習。

看到他們分享的績效，每一支都比我持有的還好，而我的持股依舊虧損中。礙於投資本金有限，又想跟上老師們的步調，買進他們看好的股票，我不惜一切將所有的持股認賠殺出。將這些資金與原有的存款，全都投入市場購買新標的，我印象最深刻的一支股票是好德（3114）。

2021年7月初，不只一位財經專家與網紅提到好德，當週股價落在25元至26元左右。到了2021年7月28日，好德的行情開始發動，股價連續兩天衝到漲停板，財經專家及留言區的投資人，都聲稱在這檔賺了不少錢。

看到好德這樣的表現，我按耐不住了。抱持著些許傲氣，相信自己一定會賺錢，在8月2日掛市價單買進。當天開盤後股價立即跳空，一直到收盤都買不到。看到市場的瘋狂，我也跟著沸騰起來，8月3日依舊掛市價單買進，終於在這天以成交價40.6元買下。當下心情超級好，心想終於讓我買到一支飆股，如果漲勢能夠持續，真的可以獲利滿滿。

結果開心只維持一週，到了8月9日，好德的收盤價已經降至37.85元，帳面再度出現虧損，反指標的威力再次彰顯。當下我安慰自己這只是短暫的回檔，一定會再漲回來，即使住套房也打死不賣。到了10月，股價已經回到當初的起漲點26.3元，帳面未實現損益已達35%。我還是不以為意，一心一意地相信它會為我帶來好運，拒絕停損認賠。就像我當初對待金融股一樣，直到事務所第二年忙季的來臨。

❖ 身體亮紅燈後，重新思考我要的人生

第二年忙季開始感受到身體發出的警訊，時而感冒、時而頭暈，甚至患上腸胃炎，有段時間一整天只吃得下兩碗白粥。還記得

曾經全身無力癱軟在辦公室的椅子上，儘管如此，因為手邊還有一堆事等著處理，短暫休息 1、2 分鐘之後，又得繼續工作。

直到某天真的撐不住了，我意識到再這樣下去，即使賺到錢，未來可能還是得花在醫療費上。因此跟主管討論過後，做出了離職的決定，回家休息好好養身體。

提完離職的當下我感到一陣解脫，但是隨之而來的是恐懼感，因為我失業了，害怕找不到下一份工作養活自己。加上原先構想中的投資理財績效也很差，讓我開始質疑市場，懷疑人生是否還有美好的未來，每天都充斥著焦慮和不安。

在絕望之下，某天跟一位大學同學聯絡上，得知我對投資理財有興趣，他介紹我一位叫做諸葛亮的人。因為這樣的契機，跟諸葛亮僅僅 20 分鐘的對話，我的人生有了轉變。

在我們的交談中，諸葛亮給我留下最印象深刻的一番話是：「學歷高不代表財商高，你只是一個比較會念書的人，如果你的觀念想法夠好，就不會只從事領死薪水的工作，口袋也不會空無一物，要成功早就成功了。努力很重要，但要跟對人，選對方向努力，不然只是一昧地幫有錢人打工，讓他們更有錢罷了。」

諸葛亮還告訴我：「90% 的散戶都敗在資金和部位管理，不懂得做防守，從來不設定停損，就像開一台無法煞車的車，非常危險。一旦成功一次就會自信心爆棚，將停損這件事拋在腦後，加碼的資金越來越多，甚至是借大筆資金投入。到了市場回跌時卻虧損慘重，這也就是為什麼 90% 的投資者，持續地被 10% 的贏家割韭菜。」

當時，諸葛亮推薦我一些書單（注），告誡我要花些時間去看書，從頭學習何謂投資交易，了解人性與懂得停損後再來與他討論。談話完的當下非常震驚，我甚至還未提及沒有執行過停損，他就推測出我沒有做好資金與部位管理，是被割韭菜的其中一位散戶。

面對繁忙的工作與未實現的虧損，我一度選擇逃避現實。明明持股一直在虧錢，我還欺騙自己沒關係，只要不賣掉就是未實現損益，不算套牢，這樣的行為根本不是投資而是賭博。我甚至把當時少少的存款全部都壓下去，直到真的輸光為止，才悔不當初。這樣的結果不是我想要的，口袋還是一樣的非常空，身體也被搞壞了，如同股神巴菲特曾說過的：「在錯誤的道路上，奔跑也沒有用」。

然而，危機就是轉機，我因此下定決心，重新拾回書本。學習正確的投資交易知識，改變自己的觀念和思維，努力擺脫社畜與韭菜的角色，不再只是在背後痴痴地望著成功人的背影。

❖ 學會執行停損，賠錢也很心安

看完許多投資交易相關書籍後，我執行停損了，將好德賣在26.4元的價位，虧損35%（如圖1-1）。雖然賠錢卻感到心安，因為我學會了停損，並且能夠堅定地執行。

注：書單包括魯爾夫・杜伯里（Rolf Dobelli）的《行為的藝術：52個非受迫性行為偏誤》與《思考的藝術：52個非受迫性思考錯誤》、埃德溫・勒菲弗（Edwin Lefèvre）的《股票作手回憶錄》、克提斯・費斯（Curtis M. Faith）的《海龜交易法則》，以及古格里・祖克曼（Gregory Zuckerman）的《洞悉市場的人》。

股票名稱	成交日期	委託書號	交易類別	成交股數	單價	價金	手續費	交易稅	利息	融券手續費	收/付金額
好德	2022/04/12	B00YO00	現股	2,000	26.4	52,800	75	158	0	0	52,567
好德	2021/08/03	B002G00	現股	2,000	40.6	81,200	115	0	0	0	-81,315

▲圖 1-1　好德（3114）賣在 26.4 元

之後我再去找諸葛亮諮詢，他開始與我分享交易理念：「投資交易是為了讓生活過得更好，不需自我設限只投資特定商品」。他致力於運用人性的弱點、動能效應與股指長期向上等，找出無論市場如何變動，長期有效的交易策略。強調交易邏輯都已經事先設定好，只要按照條件去執行策略，不用花太多寶貴時間盯盤。

因為對這樣的交易理念十分認同，也希望擺脫之前錯誤的投資方法，因此開啟了與諸葛亮的合作之旅，一直持續到現在。

身為 Z 世代的投資小白，我經歷了從完全不懂投資、胡亂進場、在市場賠錢，到重新向書本與諸葛亮學習投資交易，最終真實地賺到被動收入。

所以無論是小資族、上班族，或是各個世代的人，相信你們一定也可以做到。即便投資老手，也能從每個章節提供的策略，發現有別於過往的交易概念。

第2章

我用台股四大操作法，提早10年退休！

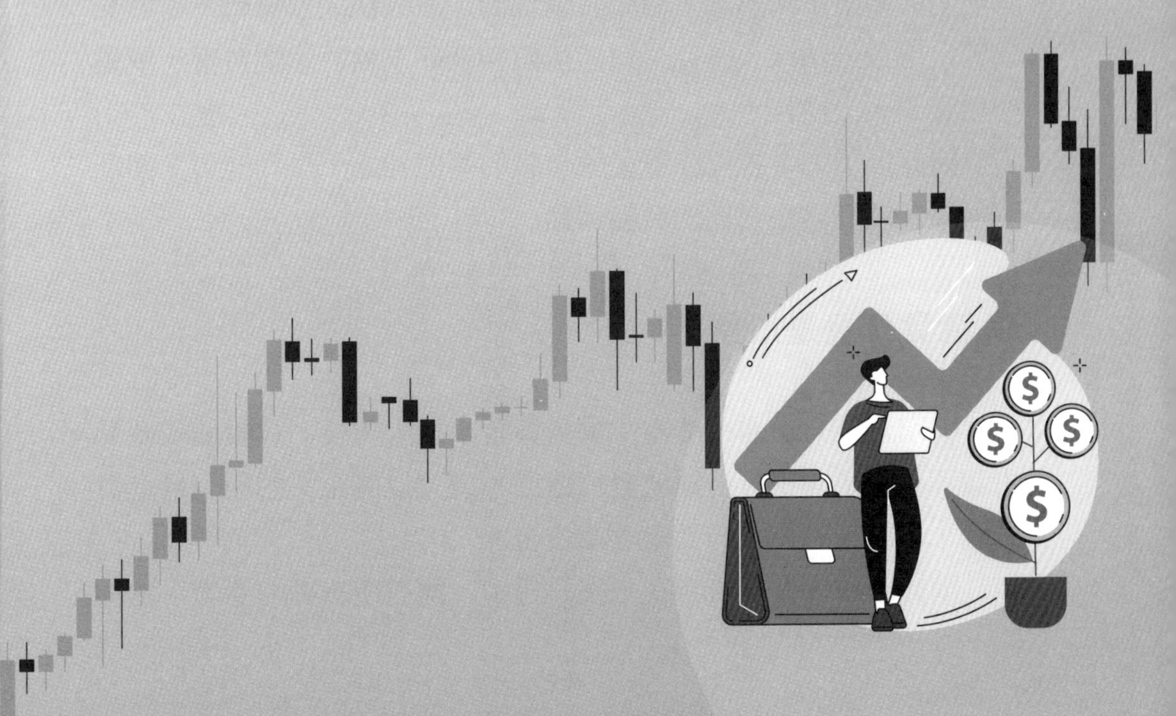

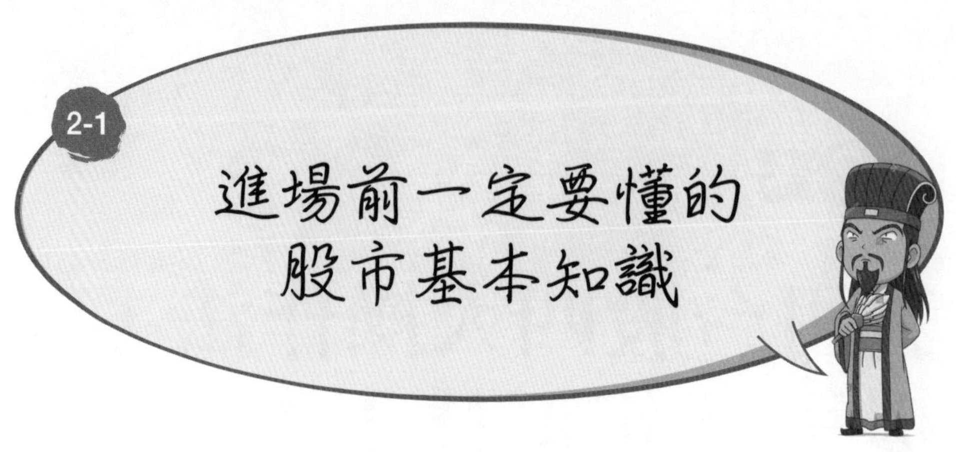

許多人進入投資市場，第一個接觸的金融商品就是股票，通常選一家券商開戶後，就開始交易股票。

然而，很多人可能僅了解買進和賣出的基本概念，對於一些專有名詞與術語不夠熟悉。例如股票代碼、三大法人買賣超、零股交易等，導致無法深入研究，只能依照親朋好友給的建議買賣，或是交給專業人士操作！

因此以下先帶各位簡單了解台股的基礎知識，以利能更全面理解並精確執行之後介紹的台股策略。

❖ 究竟什麼是股票？

一家企業的營運，常需要籌措資金來擴大規模、買設備或產品研發等。除了向銀行借錢或發行債券，還可以將企業的所有權進行分割，以股票的方式向大眾募集資金。

因此股票代表投資者在一家公司中，擁有所有權的憑證。當你擁有一家公司的股票時，就成為該公司的股東。

股票的價格在股票市場上由供需關係決定，投資者購買股票的主要目的是賺取資本利得（即在股價上漲時出售股票，實現低買高賣的利潤），以及有可能獲得公司發放的股息（依照公司的分紅政策）。

股票投資也伴隨著風險，因為股價可能下跌低於原本購買的金額，導致虧損。因此在股市中，切忌別人叫你買什麼就買什麼，需要謹慎評估風險與報酬，才能做出明智的投資決策。

❖ 進入股市的第一步

全球許多地區都有股票市場，簡稱股市，目前最大的股市在美國。關於美股的詳細介紹請參閱第 3 章，本章著重介紹台灣的股票市場。

投資股票的第一步，請先去找一家證券商開立帳戶。目前大多數券商，都有提供實體營業據點或線上開戶的服務。成功綁定扣款的銀行帳戶，正式開戶成功後，就可以開始進行股票的買賣交易。

各大券商基本上都有專屬 APP，投資者只需下載至手機，就能輕鬆用 APP 線上交易和電子下單，不用像早期還得打電話給營業員下單。有些券商為了鼓勵股民們自行下單，以節省人力成本，還會提供電子下單手續費折扣，各位可以多加利用。

❖ 常見台股專有名詞解釋

1. 台股交易時間

台股交易時間為每週一至週五的早上 9：00 至下午 1:30，在這個時間範圍內，都可以進行交易。若遇到週末與國定假日，當日會停止交易，俗稱「休市」。

比較特殊的情況是，如果遭遇重大災難或無法預測的緊急情況，例如台北市政府宣布當日停止上班上課時，台股市場當日也會停止交易。

2. 上市、上櫃與興櫃

台灣的股市主要可分為上市、上櫃與興櫃 3 種類型。主要差異為公司設立年限、獲利能力、股權分散的程度，上市股票的標準最為嚴苛。當一家公司要申請上櫃及上市時，需要先在興櫃股票市場交易滿 6 個月，且達到上櫃及上市的標準後，才能申請。

股價 10% 漲跌幅的限制，只適用於上櫃及上市股票，興櫃則不受此限制。因此，當具有高度成長潛力的公司成功申請興櫃後，其股價在初期的交易日可能呈現較大的漲幅，會有一段蜜月行情。例如 2023 年底，全家便利商店集團旗下的全家餐飲（7708）登錄興櫃，第一個交易日股價漲幅超過 60%。

既然漲幅可以這麼高，跌幅同樣也可以。以 2023 年 12 月全福生技（6885）為例，該公司的乾眼症新藥在三期臨床試驗未達標，結果導致股價一天跌幅約 60%。如此劇烈波動顯示，投資興櫃股票的潛在獲利雖大，也伴隨更高的風險。

3. 台股大盤指標：加權指數 & 櫃買指數

「大盤」指的是股票市場的整體表現，通常以一個或多個代表性的指數或綜合指數來表示。這些指數被用來衡量市場中一定數量和類型的股票其股價的加權平均或總體表現，有助於了解整體市場的趨勢。對於所有金融商品的交易而言，大盤的走勢是一個極為重要的參考指標。

在台灣，大盤的代表性指標主要包括「加權指數」與「櫃買指數」，如圖 2-1，以下逐一介紹。

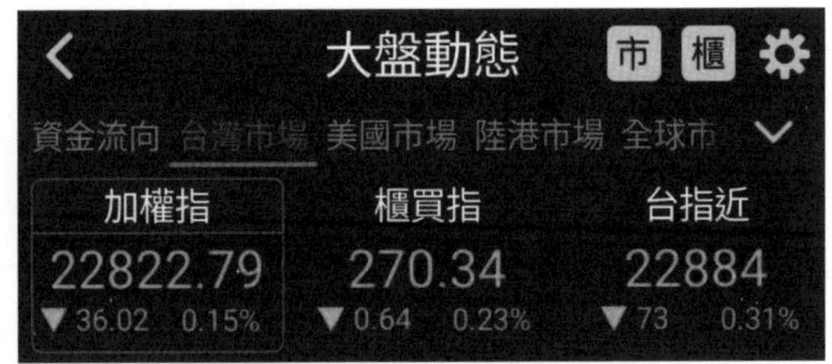

▲圖 2-1　加權指數與櫃買指數
（資料來源：三竹股市）

(1) 加權指數

加權指數是由台灣證券交易所（簡稱證交所）根據所有上市股票的市值，採用市值加權法計算並公布的指標，主要衡量台股裡大型股的整體表現。

市值加權法計算的市值，是指公司的總市值，即股價乘以已發行股票的總數。這種計算方式的特點為：市值較大的公司，對加權指數的漲跌影響較大。

在台灣，半導體與電子產業的上市股票，如台積電與鴻海等，通常擁有較大的市值，這些公司的股價上漲或下跌，往往會對加權指數產生較大的影響。這也是為什麼財經新聞常報導「台積電或鴻海股價上漲或下跌多少，帶動加權指數上漲或下跌幾點」，就是這個原因。

⑵ 櫃買指數（OTC 指數）

既然上市股票以加權指數反應市值，上櫃股票當然也有其相應的指標。櫃買指數是由證券櫃檯買賣中心（簡稱櫃買中心）編制。計算方式與加權指數相似，總市值越大的公司，對櫃買指數的漲跌影響更大，主要衡量台股裡中小型股的整體表現。

4. 個股資訊

⑴ 股票代碼

股票代碼是一個用來識別一家公司股票的獨特代號或符號，通常由數字或字母組成。每支股票都有代碼以方便識別，例如台積電的股票代碼為「2330」，鴻海的股票代碼為「2317」。

⑵ 每股股價

一般來說台股的交易單位為「張」，而 1 張股票＝1,000 股，在看盤軟體上顯示的報價，都是每股股價。因此將每股股價×1,000，就是 1 張股票的價格，例如台積電股價顯示 588，表示 1 張台積電股票為 588×1,000＝588,000 元。

(3) 開高低收與成交量

當觀察與蒐集股票當日的價格資訊時，很常會聽到「開高低收」這個名詞，個別說明如下。

「開」指的是開盤價，意思是股市當天開盤後，個股第一筆交易的成交價格。

「高」指的是最高價，意思是股市當天開盤到收盤，所有個股的成交價格中最高的價格。

「低」指的是最低價，意思是股市當天開盤到收盤，所有個股的成交價格中最低的價格。

「收」指的是收盤價，意思是股市當天收盤前，個股最後一筆交易的成交價格。

此外，台股的成交量通常包含成交張數和成交金額兩個部分。成交張數表示買賣雙方成交的股票張數，而成交金額則表示成交股票的總金額，區分好這兩者的單位，就不會混淆了。

例如，成交量 2 張，是指成交張數 2 張，代表買方和賣方交易了 2 張股票；而成交量 200 萬，是指買方和賣方總共交易了價值 200 萬元的股票。

(4) T＋2 的交割制度

台股的交割制度為「T＋2 制度」。即當日買賣股票後，交易日後的第二天一早，銀行帳戶才會扣款或是給予股款。舉一個例子讓各位更了解什麼是 T＋2 制度。

假設，你在 2024 年 1 月 19 號星期五，買進 1 張台積電股票。「T＋2 日」就是 2024 年 1 月 23 日星期二，也就是說當日早上會進行扣款。從這個例子可以知道，T＋2日的計算不包含休市日。

如果沒有準時在T＋2日一早，把相對應的股款存進銀行帳戶裡，將導致違約交割。這是相當嚴重的紀錄，會在聯徵紀錄中留下信用瑕疵，可能會被停止交易權限。之後向銀行申請貸款與信用卡時，被拒絕的機率會提高，因此一定要按時處理相應的交割事宜。

(5) 股利

股利是指當公司賺錢時，將一部分盈餘分配給股東的收益。股利有兩種主要形式，一種為現金股利，以現金形式支付；另一種為股票股利，以額外的股票形式支付給股東。

買賣股票除了追求價差的利潤外，公司的股利政策也是考量的因素之一。經常聽到的殖利率或現金殖利率，就是在計算「每股現金股利÷每股股價」的值，當殖利率越高，表示在目前價格下，每股股息相對較高。

以台股為例，近年來平均殖利率落在3%至4%，有些人會以此指標挑選股票標的。甚至是投資高殖利率的股票當作活存，每年領股息。

然而需注意的是，這樣的做法未必考量到股價本身的漲跌。假設買進股票時，價格剛好落在高點，買進之後股價開始下跌。對於殖利率來說，雖然現金股利不變，但由於股價下跌，計算殖利率的分母變小，殖利率相對增加下，會產生「賺到股利卻虧損價差」的情況。

因此投資股市時，建議不要僅以殖利率高低，作為投資股票的唯一判斷依據！

⑹ 財務報表

財務報表（Financial Statements），簡稱財報，是一份公司定期發布的文件報告，用來呈現在一定時期內的財務狀況和業績表現，讓投資人了解公司經營的成果表現。

台股上市櫃公司的財報公開是按季度進行的，包含以下四個季度：第一季 Q1（一月至三月）、第二季 Q2（四月至六月）、第三季 Q3（七月至九月）和第四季 Q4（十月至十二月）。

每一季度結束後，上市櫃公司會根據相應的規定和法令，公佈當季度的財務報告。第四季時，公司會發布全年度的財務資訊和營運狀況，因此第四季的財報又被稱為年報。財報中包含許多資訊，其中最重要的三張報表，整理如下。

資產負債表（Balance Sheet）	展示公司在特定日期的資產、負債和股東權益，這三者的關係為「資產＝負債＋股東權益」。	提供有關公司資金來源、把借來的錢與股東的錢用在哪裡、資本結構和淨值等資訊。
損益表（Income Statement）	顯示公司在一定時期內的營業收入、營業成本、營業費用以及獲利的情況，得知毛利率、營業利益率、稅後淨利等資料。	用來評估公司的獲利能力。
現金流量表（Cash Flow Statement）	描述公司在一定時期內現金的流入和流出狀況。包含來自營業、投資和融資活動的現金流量。	用來評估公司的現金管理和財務穩健性。

這三大報表是分析公司財務狀況時首要參考的項目，提供公司全方位的財務資訊。可以幫助投資者、分析師和其他利害關係人評估公司的健康狀態、經營績效和未來前景。

❖ 零股交易是什麼？優缺點分析

如前所述，一般來說台股最小的交易單位為 1 張，相當於 1,000 股。以台積電為例，如果台積電股價顯示為「588」，表示購買 1 張台積電股票所需金額為 58 萬 8 千，買 2 張為 117 萬 6 千。對於小資族或是投資新手來說金額可能太高，為了降低投資門檻，零股交易因此誕生。

零股交易允許投資人能夠以「股」為單位買賣股票，當買賣股票小於 1 張，介於 1～999 股之間就稱為「零股交易」。這讓投資人有較靈活的選擇，更容易參與市場。

零股的買賣下單方式，和交易一般股票沒有太大差異，不需要額外開立戶頭。用原本的證券戶，在交易功能選擇零股下單（圖 2-2），就可以自由交易零股了。

零股的交易時間包括「盤中」和「盤後」兩個時段，盤中的交易時間為早上 9 點至下午 1 點 30 分，跟一般股票買賣時間一樣；盤後的交易時間為下午 1 點 40 分至 2 點 30 分。

值得注意的是，如果在盤中的買賣交易沒有成交，相應的交易委託單不會保留至盤後交易時段。若想在盤後進行零股交易，投資人需要再重新掛一次單。

零股確實可以降低進入台股的資金門檻，但比起整張交易來

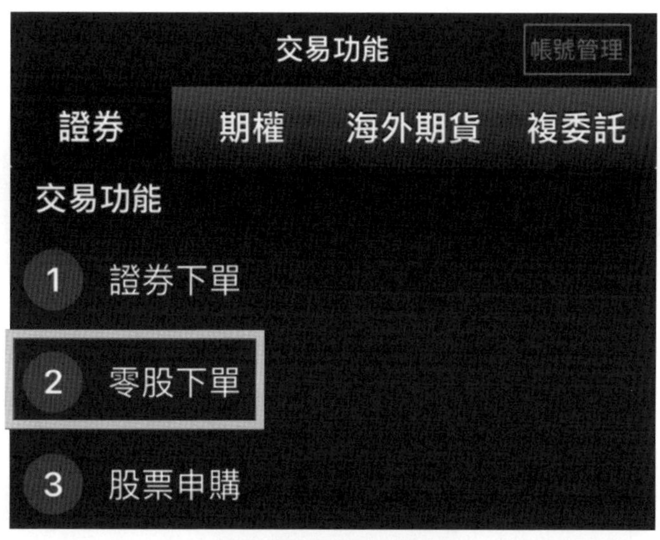

▲圖 2-2　零股下單介面
（資料來源：三竹股市）

說，買賣人數通常較少，導致交易量變少。在這樣的情況下可能較難撮合，交易執行需要花更長的時間，而零股最終的成交價，與整張股票價格換算的每股股價也可能存在差異。

此外，由於交易量較低，零股的流動性相對較差。流動性是指手中持有的資產可以迅速變現的能力，流動性越高，變現能力越高；反之則較弱。因此交易零股時，投資人需特別留意市場流動性的情況，謹慎評估交易的時間和價格。

❖ 常用來分析股票的 3 大面向

分析股市時，實務上會用到的分析法則有基本面、技術面與籌碼面 3 大面向，以下逐一介紹。

1. 基本面

基本面就像是字面上的意思，主要透過分析公司定期發布的財務資訊，例如財務報表、每月營收與每股盈餘（EPS），或是進行產業研究，來評估公司的營運狀況與未來成長潛力。透過以上資料分析股價的合理價值，進而判斷目前股價屬於適合買進、賣出還是持續觀望的情況。

公司公布的財務資訊非常多，如果只能挑幾項來分析的話，一**定要關注的指標是「每月營收」，此對一家公司的股價走勢有很大的影響**。

將時間回溯到 2024 年 1 月 18 日，當天台積電舉辦法說會。時任副董事長兼總裁魏哲家在法說會中表示：隨著 IC 設計客戶庫存去化告一段落，產業可望健康成長，預估今年半導體產業不含記憶體業產值可望成長超過 10%，晶圓代工產業也將成長 20%，2024 全年營收預計年增約 21% 至 25%。

法說會隔天台積電股價從 18 號的收盤價 588，直接跳空到 625。終場上漲 6.46% 收在 626，漲穿 600 元大關，帶動當天的加權指數上漲 2.63%。由此可知，營收數據對股價的影響力真的非常大。

在台灣，上市櫃公司除了在法說會上公告預估營收外，每個月 10 號以前，皆會公告上個月的營收相關資訊，包含月營收、去年同期月營收與營收年成長率等。比較特別的是，不是每個地區都會公告每月營收的資訊，例如美國就沒有，投資人只能等到季報與年報公布時，才會知道公司營收。

因此台灣上市櫃公司公布的每月營收，就好像公布考卷的解答一樣，等著你去參考、妥善運用，絕對可以協助提升投資績效！

2. 技術面

技術面分析主要是運用多種工具與指標，例如 K 線、移動平均線與各種技術指標，從歷史的演進，來判斷未來股價與成交量等可能的走向與程度，以下要特別介紹移動平均線（MA）的概念。

移動平均線，是根據投資標的過去一段時間內的價格或其他指標取平均值，簡稱均線。均線的計算公式非常單純，能夠快速呈現當下資產的價格走勢與方向，成為許多專業經理人、交易員與一般散戶投資時一定會參考的指標。

在均線中，最常被使用的類型為簡單移動平均線（Simple Moving Average，簡稱 SMA），又稱為算數移動平均線。顧名思義就是把投資標的一段週期內的價格取平均值，計算公式如下：

N 日的 SMA = N 日價格的總和 ÷ N 日

公式中「N 日價格的總和」，可以用開盤價、最高價、最低價或收盤價為參數，目前最常被用來計算的價格為收盤價。而 N 日僅涵蓋交易日，不包含休市日。

另外，計算的時間單位除了常見的日資料外，也可以計算週、小時與分資料，由投資者依照需求，選擇適當的時間單位。

簡單移動平均線（SMA）是最基本的均線類型，看盤軟體一定會提供，且預設的均線類型都是 SMA，以下表格中簡稱 MA（之後章節提到的均線，都是指此），常見的簡單移動平均線如下：

SMA	說明	計算公式
5日均線（MA5）	一週約有5個交易日，又稱週線	近5個交易日的價格平均
10日均線（MA10）	兩週約有10個交易日，又稱雙週線	近10個交易日的價格平均
20日均線（MA20）	一個月約有20個交易日，又稱月線	近20個交易日的價格平均
60日均線（MA60）	一季約有60個交易日，又稱季線	近60個交易日的價格平均
120日均線（MA120）	半年約有120個交易日，又稱半年線	近120個交易日的價格平均
240日均線（MA240）	一年約有240個交易日，又稱年線	近240個交易日的價格平均

均線除了辨別價格趨勢外，也很常被用來判斷買賣訊號、當作支撐或阻力位。當週期相對較短的均線向上突破週期相對較長的均線時，俗稱「黃金交叉」。例如 5 日均線突破 20 日均線，表示近期價格走勢強勁的機率高，後勢可能會有一波漲幅，是買進訊號。

相反地，當週期相對較短的均線向下跌破週期相對較長的均線時，俗稱「死亡交叉」。例如 5 日均線跌破 20 日均線，表示近期價格走勢下跌的機率高，後勢可能會有一波跌幅，是賣出訊號。

3. 籌碼面

籌碼面分析是透過市場中的大戶、大股東、法人機構的持倉狀態與交易方向，推測目前公司內部的營運狀況以及未來的發展趨勢。由於他們的資源普遍較多、在市場中的資金規模和成交量極大，對於台股股價的漲跌與流動性，具有重要影響力。

因此，他們的投資行為與交易金額，都是市場關注的焦點。**簡單來說就是看市場中的大咖在做什麼，並且把他們的行為當作投資的參考指標**。

在台灣，籌碼面資訊相當公開，證交所與集保中心定期會在官網上公布三大法人買賣超、分點進出資料與千張大戶持股情況等數據。這些資訊都是免費提供的，投資人可以對其做進一步分析。

例如當法人機構買賣差額為正時，表示買進的股票比較多，可能是看漲訊號；當買賣差額為負時，表示賣出的股票比較多，可能是看跌訊號。這些籌碼面資訊就像每月營收一樣，不是每個地區都會公告的資訊，要格外珍惜，充分利用籌碼面透露出來的資訊。

以下簡單解釋何謂三大法人。三大法人指的是在台股市場中，三個主要用法人名義的機構投資者，包括：

- 自營商：證券公司運用自家資金投資交易的部門，而不是使用投資人的資金操作。
- 投信：國內的證券投資信託公司，也就是常聽到的基金公司，由基金經理人操作投資人的資金。
- 外資：指來自台灣以外的外國法人機構，在台灣進行投資，包括外資券商、境外機構投資者等。

只要當日有開市、台股市場有進行交易，證交所都會在交易時間結束後，公布三大法人買賣金額統計表，供投資人參考，如圖 2-3。

單位：元

單位名稱	買進金額	賣出金額	買賣差額
自營商(自行買賣)	4,683,473,149	3,777,665,576	905,807,573
自營商(避險)	10,035,272,533	13,154,895,304	-3,119,622,771
投信	8,042,182,603	4,734,344,802	3,307,837,801
外資及陸資(不含外資自營商)	89,552,442,350	98,285,734,513	-8,733,292,163
外資自營商	70,560	140,660	-70,100
合計	112,313,370,635	119,952,640,195	-7,639,269,560

▲圖 2-3　三大法人買賣金額統計表（統計時間 2024/1/18）
（資料來源：台灣證券交易所官網）

常見台股專有名詞的解釋就到此告一段落，相信各位對台股的操作比較有熟悉度了，接下來將進入本章的重頭戲——台股策略。教你透過四種不同的台股策略，達到分散資金、分散標的與分散風險的目的，使投資組合的淨值曲線更加平滑，並有機會藉由多策略的操作提高報酬。

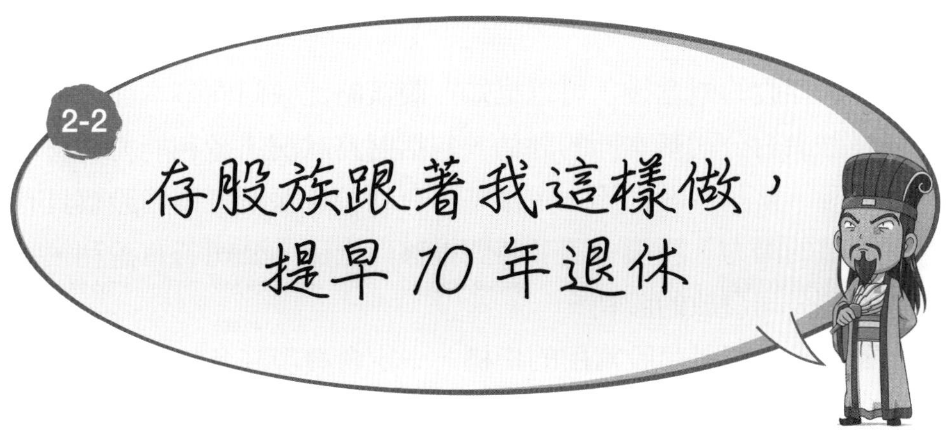

投資股票有非常多方式，其中「存股」是台灣主流的投資方式之一，也是許多新手進入市場時採取的投資策略。

❖ 存股是什麼樣的投資方式？

「存股」是指投資者購買公司股票並長期持有，不追求短期的價差利潤，相信長期下來，公司的價值會反映在股價上，因此著重於長期的資本增值和股利收益。

面對高通膨與高物價時代，常聽人說「不要只會把錢存在銀行，而要把錢拿去存股」。存股投資者普遍認為如果選到好股票，不但可以領取股利，還能夠賺到低買高賣的價差。

由此可知，存股的吸引力在於比起頻繁進行股票交易，能提供相對穩定的回報和較低的交易成本。然而存股也有風險，例如公司基本面發生變化、市場的不確定性，和經濟衰退可能對股價產生負面影響等。

理解存股的概念後，可以推知存股策略比較傾向基本面分析，也就是強調對公司基本面的評估，包括財務狀況、盈利能力、管理層品質等。當基本面到達一定標準，有助於確保所選擇的股票具有長期增值的潛力，股價會隨著時間推移而上漲。公司若有盈利，還可以領到公司發放的股利。

各位上網搜尋存股常用的指標，一定會發現許多相關的文章與影片，這些指標都可以在公司發布的季報、年報與營收資訊中免費查詢。甚至在許多網站只要輸入股票代碼，所有指標都會被計算好呈現出來給投資人看，非常方便。

那麼在眾多指標中，究竟要選擇哪些指標作為存股的依據呢？經過電腦模擬測試後，本章節特別挑出 5 個基本面指標加上 1 個股價限制，當作存股的篩選標準，測試結果呈現相當不錯的績效，現在就來介紹是哪 5 個基本面指標吧！

❖ 存股參考指標

1. 月營收年增率

計算公式：（當月營收－去年同月營收）÷去年同月營收

前文中介紹股票的基本面分析時，就有強調月營收對於台股的重要性，因此針對存股策略當然不能錯過。而評估月營收是否成長的重要指標，就是月營收年增率。

月營收年增率是用來評估公司在特定月份內營收表現的指標，

通常被用來比較當年與前一年中，相同月份的營收變化情況。例如：2024 年 1 月的月營收年增率，就是將 2024 年 1 月的月營收與 2023 年 1 月的月營收比較。如果月營收年增率為正，表示公司營收正在成長，營運發展擴大中；相反地，如果月營收年增率為負，表示公司營收正在下滑，營運發展衰退中。

因為不同產業會受淡旺季的影響，每月營業天數也不同，導致每月營收可能有明顯差異。例如火鍋店和冰淇淋店業者，如果使用季增長率或月增長率，比較容易產生誤差且失去客觀性。

為了更準確地評估公司的月營收成長性，才會選擇使用年增率作為衡量指標，以獲得更可靠的參考數據。而我們建議將存股策略的條件設置為：月營收年增率大於 20%。

2. 股本

計算公式：面額×股數

股本簡單來說就是公司股東的投資金額，在公司的資本結構中占據很重要的位置。每家公司的股本可以在其財報裡的資產負債表查詢，如圖 2-4 為大立光（3008）2023 年第三季的資產負債表，右下角的權益就有顯示股本。

股本通常包含兩個主要部分：普通股和特別股。普通股是公司最基本形式的股本，代表股東對公司的所有權。持有普通股的股東有權共享公司的盈利，並在公司的決策中參與投票。

特別股是一種相對於普通股，具有優先權的股本形式。持有特

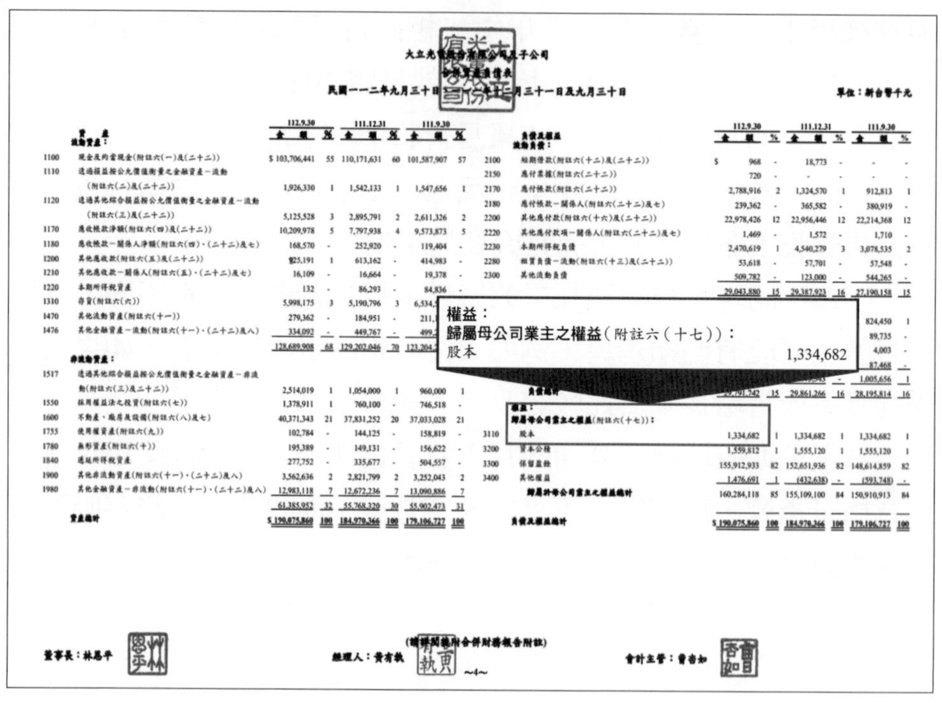

大立光電股份有限公司及子公司

合併資產負債表

民國一一二年九月三十日、一一一年十二月三十一日及九月三十日

單位：新台幣千元

代碼	資產	112.9.30 金額	%	111.12.31 金額	%	111.9.30 金額	%
	流動資產：						
1100	現金及約當現金(附註六(一)及(二十二))	$ 103,706,441	55	110,171,631	60	101,587,907	57
1110	透過損益按公允價值衡量之金融資產－流動(附註六(二)及(二十二))	1,926,330	1	1,542,133	1	1,547,656	1
1120	透過其他綜合損益按公允價值衡量之金融資產－流動(附註六(三)及(二十二))	5,125,528	3	2,895,791	2	2,611,326	2
1170	應收帳款淨額(附註六(四)及(二十二))	10,209,978	5	7,797,938	4	9,573,873	5
1180	應收帳款－關係人淨額(附註六(四)、(二十二)及七)	168,570	-	252,920	-	119,404	-
1200	其他應收款(附註六(五)及(二十二))	925,191	1	613,162	-	414,983	-
1210	其他應收款－關係人(附註六(五)、(二十二)及七)	16,109	-	16,664	-	19,378	-
1220	本期所得稅資產	132	-	86,293	-	84,836	-
1310	存貨(附註六(六))	5,998,175	3	5,190,796	3	[illegible]	[illegible]
1470	其他流動資產(附註六(十一))	279,362	-	184,951	-	[illegible]	[illegible]
1476	其他金融資產－流動(附註六(十一)、(二十二)及八)	334,092	-	449,767	-	[illegible]	[illegible]
		128,689,908	68	129,202,046	70	[illegible]	[illegible]
	非流動資產：						
1517	透過其他綜合損益按公允價值衡量之金融資產－非流動(附註六(三)及二十二))	2,514,019	1	1,054,000	1	960,000	1
1550	採用權益法之投資(附註六(七))	1,378,911	1	760,100	-	746,518	-
1600	不動產、廠房及設備(附註六(八)及七)	40,371,343	21	37,831,252	20	37,033,028	21
1755	使用權資產(附註六(九))	102,784	-	144,125	-	158,819	-
1780	無形資產(附註六(十))	195,389	-	149,131	-	156,622	-
1840	遞延所得稅資產	277,752	-	335,677	-	504,557	-
1900	其他非流動資產(附註六(十一)、(二十二)及八)	3,562,636	2	2,821,799	2	3,252,043	2
1980	其他金融資產－非流動(附註六(十一)、(二十二)及八)	12,983,118	7	12,672,236	7	13,090,886	7
		61,385,952	32	55,768,320	30	55,902,473	31
	資產總計	$ 190,075,860	100	184,970,366	100	179,106,727	100

代碼	負債及權益	112.9.30 金額	%	111.12.31 金額	%	111.9.30 金額	%
	流動負債：						
2100	短期借款(附註六(十二)及(二十二))	$ 968	-	18,773	-	-	-
2150	應付票據(附註六(二十二))	720	-	-	-	-	-
2170	應付帳款(附註六(二十二))	2,788,916	2	1,324,570	1	912,813	1
2180	應付帳款－關係人(附註六(二十二)及七)	239,362	-	365,582	-	380,919	-
2200	其他應付款(附註六(十六)及(二十二))	22,978,426	12	22,956,446	12	22,214,368	12
2220	其他應付款項－關係人(附註六(二十二)及七)	1,469	-	1,572	-	1,710	-
2230	本期所得稅負債	2,470,619	1	4,540,279	3	3,078,535	2
2280	租賃負債－流動(附註六(十三)及(二十二))	53,618	-	57,701	-	57,548	-
2300	其他流動負債	509,782	-	123,000	-	544,265	-
		29,043,880	15	29,387,923	16	27,190,158	15
[illegible]	[illegible]	[illegible]	[illegible]	[illegible]	[illegible]	824,450	1
[illegible]	[illegible]	[illegible]	[illegible]	[illegible]	[illegible]	89,735	-
[illegible]	[illegible]	[illegible]	[illegible]	[illegible]	[illegible]	4,003	-
[illegible]	[illegible]	[illegible]	[illegible]	[illegible]	[illegible]	87,468	-
		[illegible]	[illegible]	[illegible]	-	1,005,656	1
	負債總計	29,791,742	15	29,861,266	16	28,195,814	16
	權益：						
	歸屬母公司業主之權益(附註六(十七))：						
3110	股本	1,334,682	1	1,334,682	1	1,334,682	1
3200	資本公積	1,559,812	1	1,555,120	1	1,555,120	1
3300	保留盈餘	155,912,933	82	152,651,936	82	148,614,859	82
3400	其他權益	1,476,691	1	(432,638)	-	(593,748)	-
	歸屬於母公司業主之權益總計	160,284,118	85	155,109,100	84	150,910,913	84
	負債及權益總計	$ 190,075,860	100	184,970,366	100	179,106,727	100

(請詳閱後附合併財務報告附註)

董事長：林恩平　　經理人：黃有執　　會計主管：曾啓如

~4~

▲ 圖 2-4 大立光（3008）2023 年第三季的資產負債表
（資料來源：公開資訊觀測站）

別股的股東在分配股息和公司清算時具有優先權，而因為在分紅與清償方面有優先權，所以特別股的股東，通常沒有普通股股東對公司決策的投票權。

股本反應了公司的資本規模和股東對公司的投資，當一家公司需要籌集資金進行業務擴張、償還債務或其他資本需求時，可以透過發行新的股票來增加股本。通常股本較大的公司經營穩定，在市場上流通的股票也比較多，股價較不容易被操縱，波動較小，符合存股策略想要的股價與獲利相對穩定的條件。我們建議將存股策略的條件設置為：股本大於台幣 10 億。

3. 股價淨值比（簡稱 PB Ratio）

計算公式：每股股價÷每股淨值

講解股價淨值比前，先來介紹一下何謂「每股淨值」。

每股淨值=（資產總額－負債總額）÷流通在外的普通股股數。而股價淨值比，是將每股股價除以每股淨值，用來評估一家公司的股價相對於其淨值的指標。有助於投資人判斷股價相對於淨值的合理性，以及市場對公司潛在價值的看法。

在衡量股價淨值比時，通常會以 1 當作參考值。股價淨值比小於 1，表示公司的市值低於淨值，意味著投資人有機會以低於公司實際價值的價格購買股票。但這種情況較為罕見，因為當公司基本面良好、財務狀況穩健時，股票應該會很搶手。即使出現股價淨值比小於 1 的情況，股價也可能快速被拉高，最終回歸到 1 以上。

若股價淨值比大於 1，表示公司的市值高於淨值，代表投資人需要用高於公司實際價值的價格購買股票。在這種情況下，如果公司未來發展前景強大，所處的產業是未來趨勢所在，股價淨值比可能會維持在較高水準，持續大於 1。

股價淨值比並非絕對越高或越低就越好，而是需要根據公司本身營運狀況與產業特性進行評估。而存股策略是希望能夠買到公司體質較為健康、估值合理的股票，因此我們建議將存股策略的條件設置為：股價淨值比介於 1 至 1.5 之間，有助於在選擇股票時，平衡公司的價值和市場的相對估價水準。

4. 每股盈餘（簡稱 EPS）

基本計算公式：稅後淨利÷流通在外普通股股數

精準計算公式：（稅後淨利－特別股股利）÷加權平均流通在外的普通股股數。此算法的每股盈餘又稱為稀釋每股盈餘。

每股盈餘是用來判斷公司獲利能力的指標，每股盈餘越高，代表公司越會賺錢。基本計算公式為每股盈餘最常見的算法，但有時公司會發放股票股利、可轉換公司債與進行股票分割等，皆會造成流通在外的普通股股數變動。

計算每股盈餘時，需要溯源調整，因此才有「稀釋每股盈餘」的出現，能更精準地去計算公司的每股盈餘。我們建議將存股策略的條件設置為：每股盈餘連續 4 季大於 0。

5. 殖利率

計算公式：每股現金股利÷每股股價

當殖利率越高，表示每股股息相對較高，台股目前的殖利率普遍落在 3% 至 4%。執行存股策略時，選到公司基本面良好的股票後，接著要來比較的就是公司發放的股利。股利發的越多獲利越高，因此把殖利率納入存股策略的指標。我們建議將存股策略的條件設置為：殖利率大於等於 3%。

6. 股價的限制

加入持股股價的限制，存股策略可以降低進場門檻，讓投資本金相對較少，適用於更多人。且有時中低價股股價噴上去時，漲幅非常大，可以讓投資績效迅速增長。我們建議將存股策略條件設置為：持有股票的股價介於 10 元至 50 元之間。

❖ 存股策略邏輯

以上就是存股策略相關指標的介紹，接下來幫各位統整一下所有的條件，並一起觀察在電腦模擬測試中的結果。

1. 月營收年增率大於 20%
2. 股本大於 10 億
3. 股價淨值比介於 1 至 1.5 之間
4. 每股盈餘連續 4 季大於 0
5. 殖利率大於等於 3%
6. 股價介於 10 元至 50 元之間

當年度的第一個交易日開盤後，買進符合以上 6 個條件的所有股票，之後持有股票至當年度最後一個交易日，再全數賣出。每年皆按照這個步驟進行買進與賣出的動作，也就是 1 月執行策略買進存股標的，12 月賣出。

建議準備資金

建議最少準備台幣50萬元執行存股策略，並且用50萬元除以挑選出來的股票檔數，得出可供每檔股票購買的金額，再用這個金額購買最大張數。

【舉例】

預設投資人準備50萬元，在2024年執行存股策略。

2024年第一個交易日為1月2日，如果依照策略條件，總共挑到9檔股票，則每一檔股票可用資金為「500,000÷9≈55,555元」。

假設挑到的股票中，有1檔股價為23元，購買的最大張數計算方式為「55,555÷23÷1000 ≈ 2」，針對此檔股票，就是買兩張。如果有挑到1檔股價為30元，購買的最大張數計算方式為「55,555÷30÷1000≈1」，針對此檔股票，就是買一張。

報酬曲線&詳細資訊

由以下電腦模擬測試的報酬曲線及詳細資訊表可以看到，存股策略的交易期間為2015年1月至2024年1月，在2018年、2020年與2022年報酬有較大的下跌外，其餘期間皆穩定上升。總報酬333.51%，相當於投資本金翻了約3.33倍，年化報酬14.32%，勝率超過6成。最大下跌起始於2020年1月3日，下跌程度為32.7%。

2023年的總報酬曲線之所以暴衝，是因為挑到一檔股票亞翔（6139）。如圖2-5所示，1月3日的收盤價為37.25元，12月29日收盤價為170元，1年之間翻了4.5倍，漲幅356%，相當驚人。

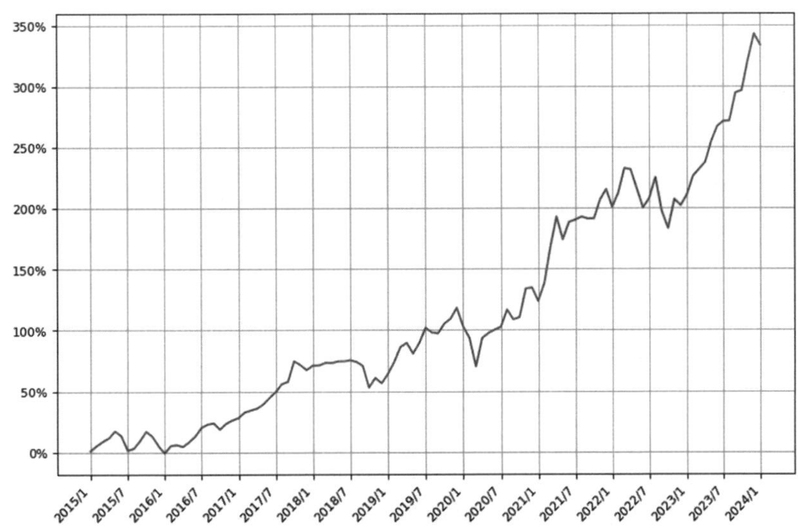

總報酬	333.51%	交易期間	2015/1~2024/1
年化報酬	14.32%	最大下跌起始時間	2020/1/3
勝率	66.90%	最大下跌程度	32.70%

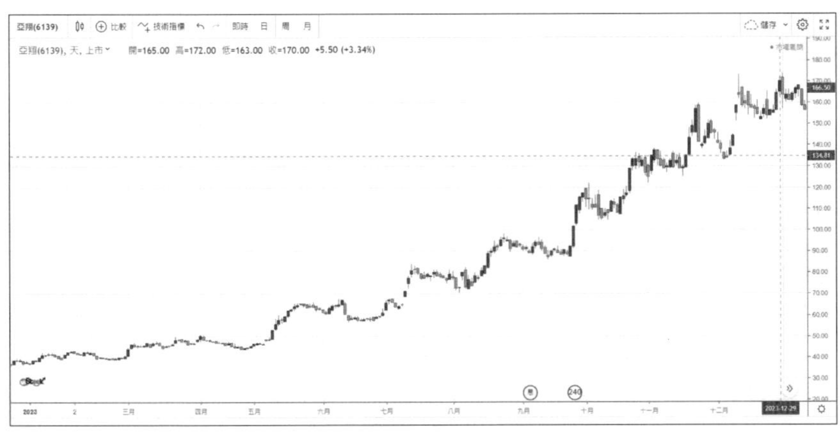

▲ 圖 2-5　亞翔（6139）走勢圖
（資料來源：HiStock）

近年來一談到存股，元大台灣50（0050）、元大高股息（0056）、中華電（2412）與台積電（2330）等，都是非常熱門的股票。表 2-1 整理這些股票從 2015 年 1 月至 2024 年 1 月的股價變化，以及 2023 年的殖利率，並且與本章節介紹的存股策略做比較。

如果以股價漲幅來比較，可以觀察到台積電的漲幅最大，其次為本章節介紹的存股策略，漲幅最小是中華電信。在殖利率方面，則是 0056 勝出，台積電最後。

由此可知，綜合考慮股價漲幅、殖利率與需要準備的投資本金後，**本章節介紹的存股策略具有一定的競爭力，除非我們有本事預知未來，否則這策略已經完勝很多人的存股方式了。**

未來各位在執行存股的策略時，不妨可以參考本章節列出的存股條件下去篩選合適的標的，不但可以分散股票、分散風險，還有機會提高存股投資組合中的績效！

表 2-1 熱門股票比較

	元大台灣50（0050）	元大高股息（0056）	中華電（2412）	台積電（2330）	本節存股策略
2015/1/5 收盤價	66.55元	24.15元	93元	139.5元	
2024/1/31 收盤價	134.35元	36.2元	119元	628元	
漲幅	102%	50%	28%	350%	333.51%
2023年殖利率	3.6%	6.21%	3.87%	2.07%	大於等於3%

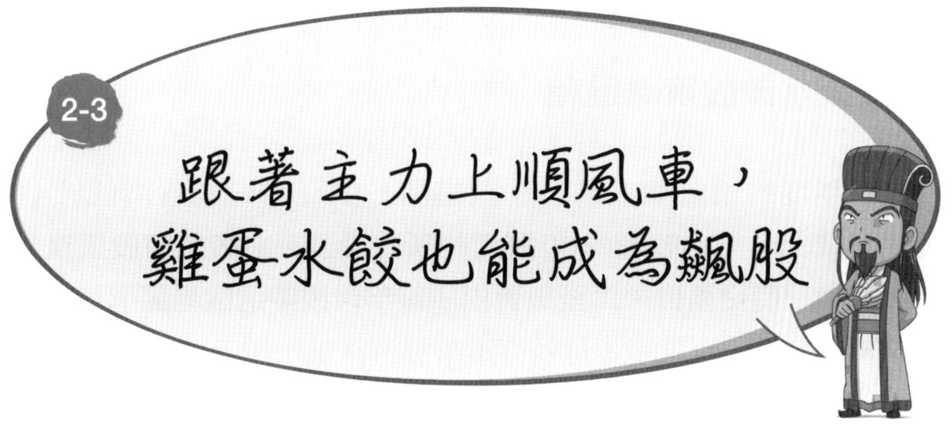

❖ 什麼是雞蛋水餃股？

雞蛋與水餃通常低價，用銅板就可以買到，因此在台灣的投資市場裡，雞蛋水餃股泛稱每股淨值低於 10 元、股價長期處在個位數的股票。

德國有一句諺語：「最便宜的總是最貴」，雞蛋水餃股之所以便宜，是因為公司體質不佳、營運不如預期，或沒有大戶進來炒作。公司很可能下市、股票變為壁紙，所以一直不是投資者交易的首選。

隨著 2023 年普發 6 千元政策，買雞蛋水餃股的議題再度浮上討論的話題，因為在一般台股交易市場，6 千能買的股票都是雞蛋水餃股。那麼，雞蛋水餃股到底值不值得買？投資績效為何？要如何適當地挑選標的？

以下就策略邏輯進行電腦模擬測試，觀察結果會如何。

❖ 雞蛋水餃股策略邏輯

當年度的第一個交易日，買進前一個交易日收盤價低於 10 元，且成交金額小於等於 50 萬元的所有股票，之後持有股票至當年度最後一個交易日，再全數賣出。每年皆按照這個步驟進行買進與賣出的動作，也就是 1 月執行策略買進雞蛋水餃股標的，12 月賣出。

持有雞蛋水餃股有下市的風險，也就是該股票無法在證券交易所公開進行交易。若當年度最後一個交易日前該股票下市，無法在市場賣出，電腦在模擬計算損益時，會把賣出股價當作 0 元計算。

建議準備資金

一檔股票建議最多用台幣 1 萬元去購買最大張數，因此需要準備的資金為：依據策略條件挑選出來的股票數量乘以 1 萬元，沒有固定值，與存股策略的最大張數算法類似。

獲利曲線&詳細資訊

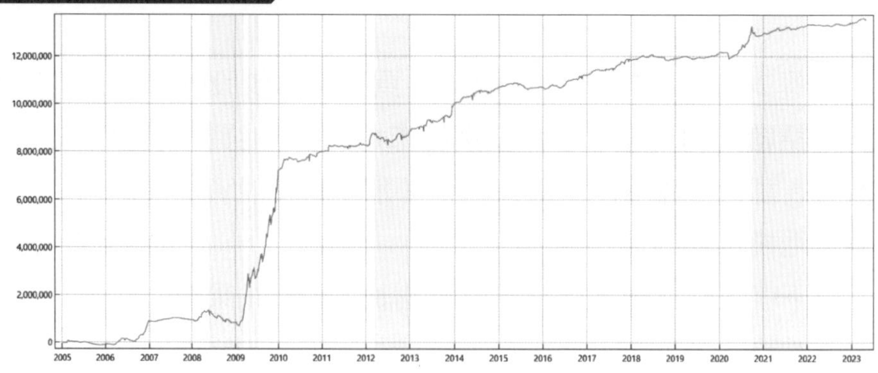

年報酬率（單利）	20.43%	交易期間	2005/1~2023/4
總獲利	13,544,127	最大下跌起始時間	2008/5/21
最大進場成本	3,439,947	最大下跌金額	680,042
勝率	64.8%		

由以上電腦模擬測試的獲利曲線可以看到，2005 年以來，雞蛋水餃股策略的獲利長期向上，2009 年的獲利最高，一年約淨賺超過台幣 500 萬。在 2008 年金融海嘯、2012 年與 2020 年新冠肺炎期間有虧損的情形。

詳細資訊表中可以看到，由於雞蛋水餃股策略是符合條件的標的全部都買，沒有固定的起始資金，在此是顯示總獲利與最大進場成本。

可以得知在 2005 年 1 月至 2023 年 4 月，18 多年間總獲利約台幣 1,354 萬，最大進場成本約 344 萬元。表示當年度有約 344 支雞蛋水餃股符合策略的條件，年報酬率（單利）為 20.43%，勝率 64.8%，最大下跌金額約 68 萬，起始於 2008 年 5 月 21 日。

從結果可知，雞蛋水餃股策略度過 2005 年至今無數的股災，從 2008年金融海嘯、2011 年 8 月全球股災、2015 年 8 月中國股災，到近期的新冠肺炎引發的美股熔斷，這個策略都沒有被打敗，而且還持續獲利。

會有如此高獲利的主要原因是什麼呢？

❖ 雞蛋水餃股策略獲利關鍵

經過仔細的分析後，推論是因為「台灣針對股票淨值低於票面價值 10 元」的法規。

《有價證券得為融資融券標準》規定，當每股淨值低於票面價值 10 元時，就會被取消信用交易資格，簡單來說就是不能再融資融券（注）。

當每股淨值低於 5 元時，就會被列為全額交割股，除了不能信用交易外，要買全額交割股時，一定要事先準備好買股票的錢，也就是全額股款，才能購買。賣出股票時，也必須通知券商，並事先圈存股票才能賣出；這是台股市場獨特的法規。

通常被列為全額交割股的股價就會直線下跌，成為雞蛋水餃股。由上述可知，股票一旦成為全額交割股，買賣股票的流程都會變得非常繁瑣。

因此有些主力為了維持信用交易，會在每股淨值低於一定的水準時開始往上拉抬股價，只要每股淨值高於 10 元，就可以恢復信用交易。而無論是恢復還是暫停信用交易，都會在財報公布後的 5

注：融資融券是台股市場中一種進階的交易方式。

「融資」相當於做多，指投資人向券商借錢來購買股票。通常出現在投資人預期股價看漲但資金有限的情況下，當未來股價如預期上漲時，實現低買高賣的價差獲利。

而「融券」相當於做空，是指投資人向券商借用股票來賣出，常見於投資者預期股價看跌但手上沒有足夠數量的股票，當未來股價如預期下跌時，實現高賣低買的價差獲利。融資融券是一種利用槓桿的操作方式，可以放大投資報酬，但也伴隨著相對高的風險。對於投資新手來說，建議先不要使用融資融券，等到台股操作都很熟練，想使用融資融券再去深入了解操作細節。

個工作天進行審核，通過後，於次一個工作天生效。

因此本章節介紹的雞蛋水餃股策略的獲利關鍵，就是看準主力會拉抬股價的特性。可能不是每一支雞蛋水餃股都會被拯救，但只要被拉升的股票，績效基本上都在一定的水準之上，甚至翻好幾倍的都有。

此策略在 2023 年 1 月選到的和進（3191，現更名為雲嘉南），年初收盤價為 6.89 元，2023 年最後一個交易日 12 月 29 日收盤價來到 11.25 元，漲幅高達 63.28%。2023 年的股價走勢圖如圖 2-6 所示，威力十分強大，所以千萬不要小看雞蛋水餃股的爆發力。

▲圖 2-6　和進（3191，現更名為雲嘉南）走勢圖
（資料來源：HiStock）

只見樹木不見森林，在樹叢裡要扒開一堆樹到外面，才能看到廣闊的森林。雞蛋水餃股也是一樣，許多投資人連看都不看一眼，認為雞蛋水餃股都是要下市的股票。

　　但其實好好運用藏在其中的關鍵與市場特性，還真的會異軍突起，一不小心就從雞蛋水餃變黃金，喜迎豐收滿地芬芳。況且2023年初的蛋荒與物價飆漲，雞蛋水餃買起來，都不輸股票了。

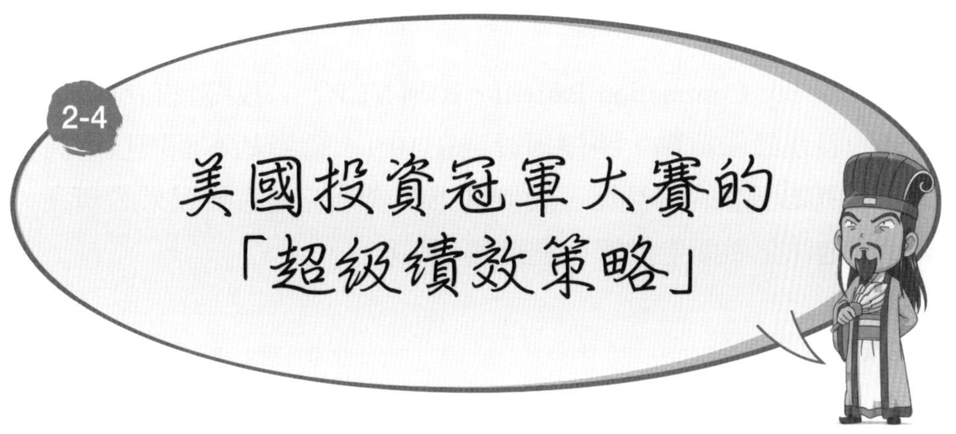

❖ 超級績效策略是什麼？

1997 年美國投資冠軍大賽得主馬克．米奈爾維尼（Mark Minervini），單憑操作股票的多方交易，就贏得當年競賽冠軍。年度報酬率 155%，遠高於從事槓桿期貨、選擇權等衍生性金融商品的對手，績效接近專業經理人的兩倍。

馬克．米奈爾維尼從未接受正當的投資與交易的訓練，也沒有過多的交易資本，從幾千元開始投資，是一個出身平凡的散戶。多年來透過專心學習正確的交易知識與磨練心態，成為非常成功的交易者。5 年內年度報酬率 220%，總報酬為 33,500%，交易帳戶持有高達數百萬美元的資金。

他在《超級績效 2：投資冠軍的操盤思維》這本書裡分享投資思維：「掌握浪潮，順勢而為，只買進處於長期上升趨勢的股票。」他還利用獨創的 SEPA 策略，透過找尋強勢股的趨勢、基本面、催化事件、進場點與出場點五大要素，結合價格波動率收縮型態（Volatility Contraction Pattern，簡稱 VCP），找尋具有超級績效潛能的股票最佳買點，將停損設定在 10%。透過基本面與技術面的指標，例如增加的本益比、股價創第四或第五個底部以來的新高、高潮或泡沫化做頭走勢等，進行獲利了結。

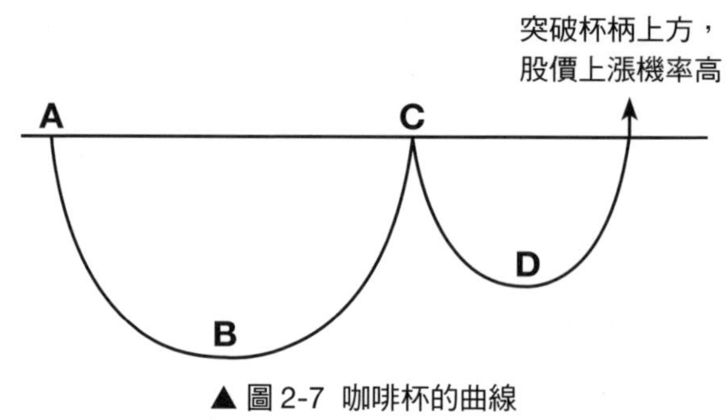

▲ 圖 2-7 咖啡杯的曲線

VCP 的操盤思維簡單來說就是「咖啡杯線形圖」，如圖 2-7 所示。股價經過一輪漲幅後，從 A 點跌到谷底 B 點。接著股價與成交量會在一個很窄的區間打底盤整，之後股價重新向上衝，到達前高，也就是 C 點時可能會回跌到 D 點。

但 D 點的位置仍然比前低 B 點還要高，當股價又開始向上飆突破杯柄上方時，此時把握住機會，一路上漲的行情就有很大的機率會發生。而整個線型圖的曲線，就好比一個咖啡杯的形狀。

《超級績效 2：投資冠軍的操盤思維》這本書是針對美股操作，既然美股適用，台股說不定也可以。基於驗證精神，決定將書中介紹的策略條件用在台股上，來實際電腦模擬測試，檢視結果是否可以像美股一樣獲得超級績效。

❖ 超級績效策略邏輯

1. 近 6 個月，每月營收成長率大於 0
2. 股價創 100 日的新高
3. 股價介於 10 元至 60 元之間
4. 成交金額大於 200 萬
5. 股價大於 250 日移動平均
6. 股價與成交量進入盤整期，波動開始變小

每日買進符合以上條件的所有股票，若符合的股票超過 5 檔，就以「近月營收÷近 3 個月營收平均」的值作為排名，取前 5 大的股票進行買入。出場機制為，當股價小於季線時即出場。

建議準備資金

建議最少準備台幣 50 萬元，1 檔股票用 10 萬元去購買最大張數。如果選到的股票小於 5 檔時，就將 50 萬元除以挑選出來的股票檔數。得出可供每檔股票購買的金額，再以這個金額下去購買最大張數，與存股策略的操作方式相似。

報酬曲線&詳細資訊

由以下超級績效策略的報酬曲線可看出，基本上是一路向上。雖然市場發生大事件時，例如 2020 年新冠肺炎與 2022 年全球通膨高漲，報酬曲線有稍微下跌，但隨即又開始向上衝。

由詳細資訊中可看到，交易時間為 2008 年 1 月至 2024 年 1 月，最終總報酬來到 64088%，年化報酬相當於 49.77%，勝率近 5

成。策略的最大下跌程度在26.8%，起始於2008年5月22日。

16年期間總報酬64088%，投資本金翻640倍，最大下跌程度26.8%，此測試結果表現相當好！

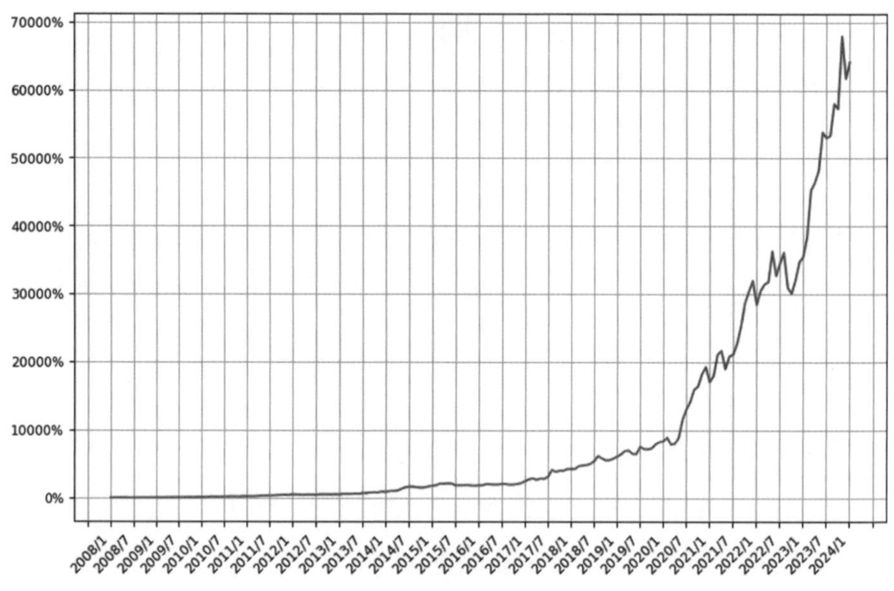

總報酬	64088%	**交易期間**	2008/1~2024/1
年化報酬	49.77%	**最大下跌起始時間**	2008/5/22
勝率	49.1%	**最大下跌程度**	26.8%

2022年11月根據台股超級績效策略條件有選到大汽電（8931），2023年5月出場漲幅約108%，如圖2-8所示。2023年10月根據台股超級績效策略條件有選到富晶通（3623），2023年12月出場漲幅約57%，如圖2-9所示。

在此證實好的策略適應能力非常強大，其邏輯可以套用在不同的金融商品。也證實了超級績效的作者馬克・米奈爾維尼的言論「你只要下定交易者的決心，發展行動計畫，嚴謹地執行買賣的動作，該停損認賠的時候就停損，每個人都有資格在金融市場裡享有非凡的成果，尋找到具有超級績效的標的！」

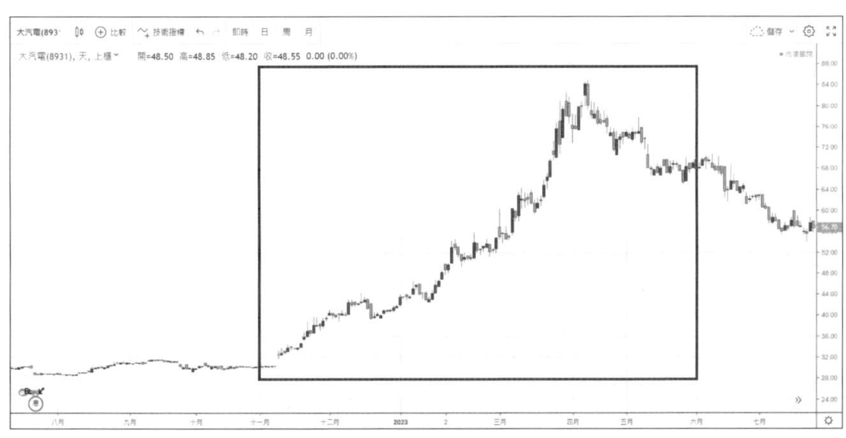

▲ 圖 2-8　大汽電（8931）走勢圖
（資料來源：HiStock）

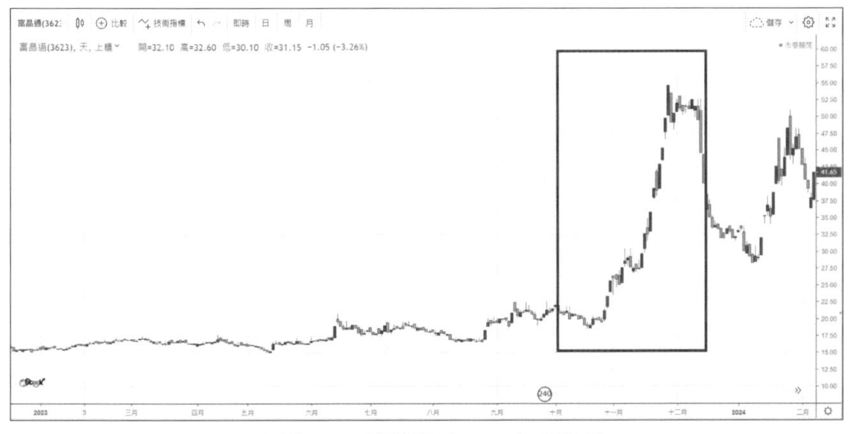

▲ 圖 2-9　富晶通（3623）走勢圖
（資料來源：HiStock）

❖ 什麼是 RSI 技術指標？

RSI（Relative Strength Index）是一個常見的技術指標，中文翻譯為相對強弱指數。計算公式非常簡單，鎖定一段時間內的股價，先計算那段時間內股價的平均漲幅與平均跌幅，再將平均漲幅除以平均漲幅與平均跌幅的加總，最後乘以 100，得出 RSI。

由公式可知，RSI 一定是介於 0 至 100 之間，且因為分子為平均漲幅，當股價近期一直往上衝時，RSI 就越大，反之亦然。因此可以用 RSI 來評估一段時間內股價變動的方向與幅度，推論趨勢的走向。

市場上許多人將 RSI 視為逆勢指標，當 RSI 越高代表市場越熱，大於 70 至 80 表示市場過熱，是超買訊號，要準備離場；小於 20 至 30 時表示市場過冷，是超賣訊號，要準備進場。

既然市場都這樣說了，就實際將 RSI 為逆勢指標的說法拿去電腦模擬測試。按照上述的條件，也就是買進 RSI 小於 20 的股票，賣出 RSI 大於 70 的股票，週期就用常見的 14 天。測試的結果為 2007 年 1 月至 2024 年 1 月，年化報酬為 3.5%，最大下跌為 64.8%，年化報酬／最大下跌的比率為 0.05，績效表現不是太好。

既然將 RSI 視為股價的反指標這條路行不通，就換條路走，換個思維，說不定就換個投資績效。改良方式非常簡單，將 RSI 變成正向指標，策略條件反向操作，上漲超過 70 就買進，下跌到 20 以下就賣出。以此簡單的更動後做電腦模擬測試，2007 年 1 月至 2024 年 1 月，年化報酬為 9.9%，最大虧損為 65.5%，年化報酬／最大下跌的比率為 0.15，成功提升績效。

這樣的結果真的是令人驚奇，表示順著趨勢走，相信市場動能，就能源源不絕地從市場中賺取收益。

關於市場的動能交易概念會在 5-5 小節中，有更詳盡的解說。這邊各位只需了解，投資時要順著市場趨勢走，不要違背市場是非常重要的事。

除了單純使用 RSI 視為股價的正向指標外，我們也在想是否還有其他方法可以優化 RSI 策略。考量到 RSI 是屬於技術指標，可以再添加基本面指標一起判斷公司目前的實際營運狀況，以提高篩選到起漲股票的機率。

RSI 策略添加的基本面指標都非常常見，一個是月營收成長率為正，另一個是股東權益報酬率為正，股東權益報酬率（Return On Equity，簡稱 ROE），公式為「稅後淨利除以資產負債表上的股東權益」。由公式就可以推論，ROE 在衡量的就是公司替股東賺錢的能力，ROE 越大，代表公司替股東賺越多錢。接著就來看看 RSI 結合這兩個基本面指標的策略邏輯。

❖ RSI 策略邏輯

RSI 的週期以 120 天計算，此以 RSI120 代表 RSI 指標。

1. RSI120 大於 60
2. 最近 1 天的 RSI120 與前 5 天的 RSI120 相比，漲幅大於 2%
3. 近 3 個月平均營收大於近 12 個月平均營收
4. ROE 大於 0
5. 股價介於 10 元至 60 元之間

每月買入符合以上條件的所有股票，如果符合的股票超過 5 檔，就以「近月營收÷近 3 個月營收平均」的值當作排名，取前 5 大的股票進行買入。出場機制為，每月月底檢查，當股價小於月線時即出場。

建議準備資金

建議最少準備台幣 50 萬元，1 檔股票用 10 萬元下去購買最大張數。如果選到的股票小於 5 檔，就用 50 萬元除以挑選出來的股票檔數，得出可供每檔股票購買的金額，再用這個金額下去購買最大張數，與存股策略的操作方式相似。

報酬曲線&詳細資訊

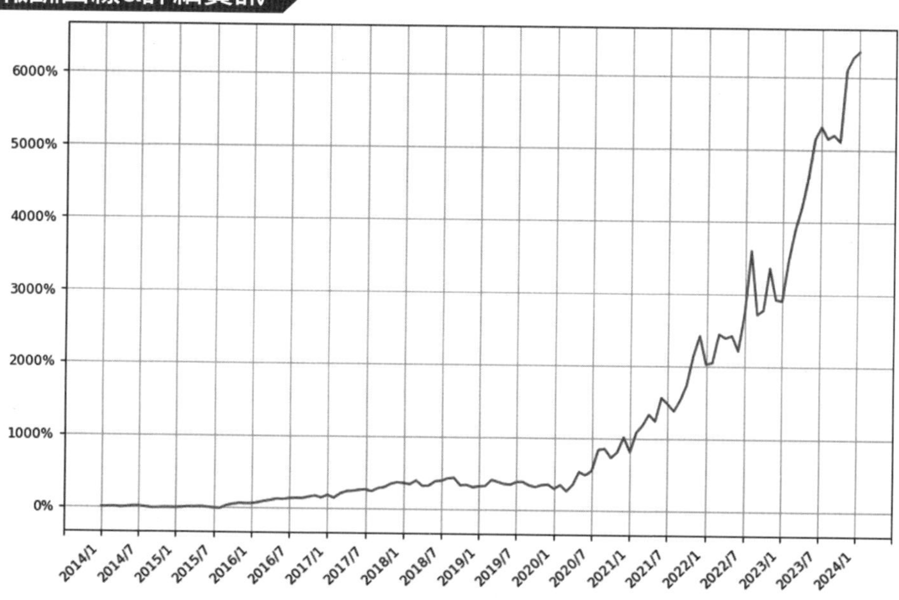

總報酬	6359.05%	交易期間	2014/1~2024/1
年化報酬	51.47%	最大下跌起始時間	2018/9/28
勝率	50%	最大下跌程度	38.3%

由以上 RSI 策略的報酬曲線可以看到，2022 年有較大的下跌，直到 2023 年過後，績效又開始一路向上。再看策略的詳細資訊，交易時間為 2014 年 1 月至 2024 年 1 月，總報酬 6359.05%，年化報酬相當於 51.47%，最大下跌程度為 38.3%，起始於 2018 年 9 月 28 日。

任何指標經過適當的運用，都有機會可以提高最終報酬。就像任何人，透過發揮自己擅長的能力與潛力，一定能夠創造出無限的價值。

2023 年 5 月，根據台股 RSI 策略條件有選到元勝（4419，現更名為皇家美食），2023 年 7 月出場漲幅約 24%，如圖 2-10 所示。2023 年 12 月選到世紀（5314），2024 年 1 月出場漲幅約 47%，如圖 2-11 所示。

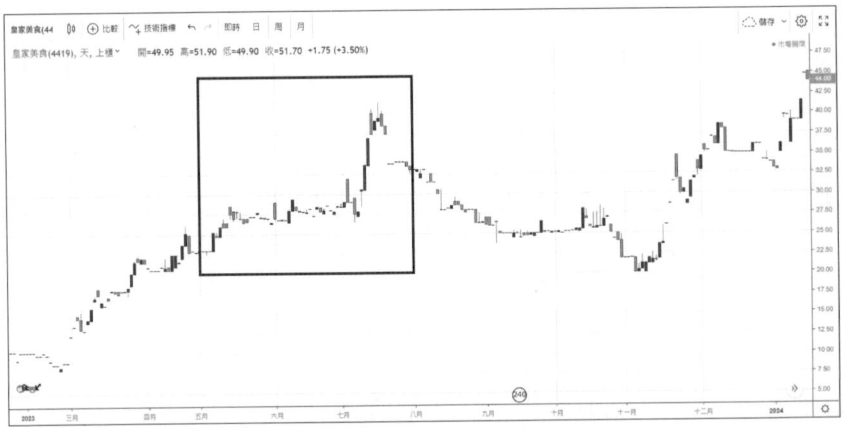

▲圖 2-10　元勝（4419，現更名為皇家美食）走勢圖
（資料來源：HiStock）

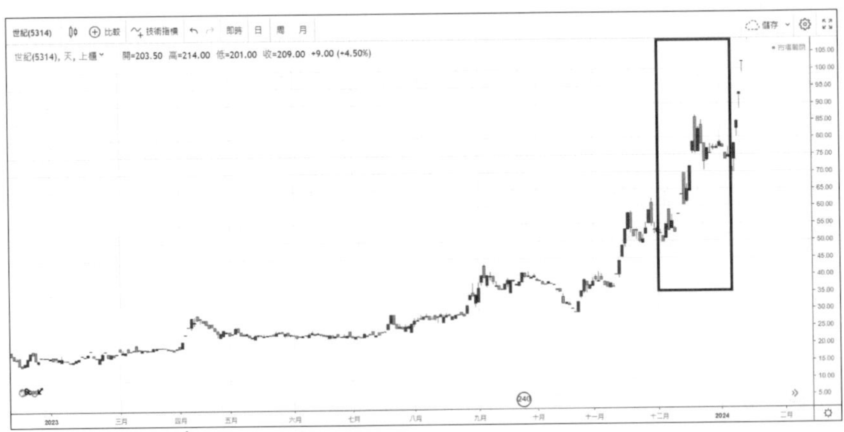

▲圖 2-11　世紀（5314）走勢圖
（資料來源：HiStock）

RSI 策略的邏輯與條件不複雜，只是將原本股票反指標 RSI 的思維更改一下，結果就大不相同。如果你是有在發想策略的投資人，建議可以多加嘗試不同面向的測試，有時會得到異想不到的收穫，持續地打破自己的認知，同時也打破紀錄，提升投資組合中的績效！

重點整理

跟著諸葛亮操作：4 種台股策略

一、存股策略

投資心法

挑出 5 個基本面指標加上 1 個股價的限制，當作篩選標準：月營收年增率大於 20%、股本大於 10 億、股價淨值比介於 1 至 1.5 之間、每股盈餘連續 4 季大於 0 等。

操作步驟

1. 每年第一個交易日開盤後，買進符合存股策略條件的所有股票，之後持有股票至當年度最後一個交易日，再全數賣出。

2. 最少準備台幣 50 萬元，除以挑選出來的股票檔數，得出可供每檔股票購買的金額，以此金額購買最大張數。

二、雞蛋水餃股策略

投資心法

主力為了維持信用交易，會在每股淨值低於一定的水準時，開始往上拉抬股價，獲利關鍵就是看準主力會拉抬股價的特性。

操作步驟

1. 每年第一個交易日開盤後，買進前一個交易日收盤價低於 10 元且成交金額小於等於 50 萬元的所有股票，之後持有股票至當年度最後一個交易日，再全數賣出。

2. 每檔股票建議最多用台幣 1 萬元來購買最大張數，需要準備的資金：依據策略條件挑選出來的股票數量乘以台幣 1 萬元。

實際操作績效

以下分享存股策略的績效。2023 年挑到亞翔（6139）與泰詠（6266）這兩檔股票，2023 年 1 月 3 日亞翔收盤價 37.25 元，泰詠收盤價 23.8 元。到了 12 月 29 日，亞翔的收盤價上升至 170 元，泰詠上升至 32.6 元。一年的時間，前者股價翻了 4.5 倍，漲幅達到 356%；後者股價翻了 1.36 倍，漲幅約 37%。

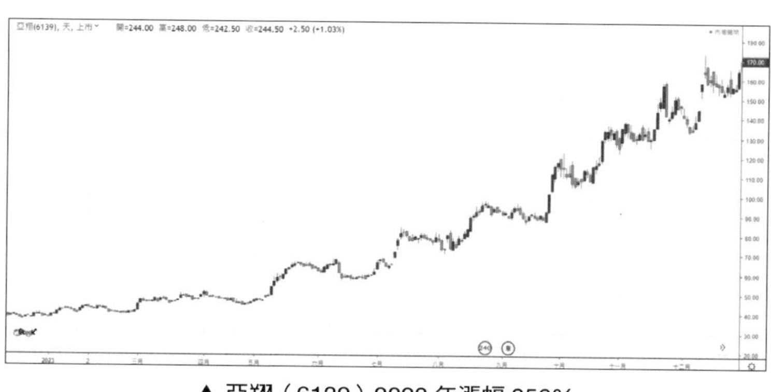

▲ 亞翔（6139）2023 年漲幅 356%

▲ 泰詠（6266）2023 年漲幅 36%

重點整理

三、超級績效策略

投資心法

掌握浪潮、順勢而為，只買進處於長期上升趨勢的股票。且利用 SEPA 策略與價格波動率收縮型態（Volatility Contraction Pattern，簡稱 VCP），找尋具有超級績效潛能的股票最佳買點。

操作步驟

1. 每日買進符合 6 個條件的所有股票（條件請見 2-4 節）。

2. 若符合的股票超過 5 檔，就取「近月營收÷近 3 個月營收平均」之值前 5 大股票買入。

3. 當股價小於季線時出場。

4. 建議最少準備台幣 50 萬元，除以挑選出來的股票檔數，得出可供每檔股票購買的金額，以此金額購買最大張數。

四、RSI 策略

投資心法

將 RSI 變成正向指標，進行順勢交易策略。

操作步驟

1. 每月買進符合 5 個條件的所有股票（條件請見 2-5 節）。

2. 若符合的股票超過 5 檔，就取「近月營收÷近 3 個月營收平均」之值前 5 大股票買入。

3. 每月月底檢查，當股價小於月線時出場。

4. 第 4 個步驟同上述的超級績效策略。

實際操作績效

以下分享超級策略的績效。2022 年 11 月 10 日買進大汽電（8931），收盤價為 32.75 元，2023 年 5 月 17 日出場，收盤價為 68 元，漲幅約 108%。2023 年 10 月 31 日選到富晶通（3623），收盤價為 25.6 元，2023 年 12 月 14 日出場，收盤價為 40.1 元，漲幅約 57%。

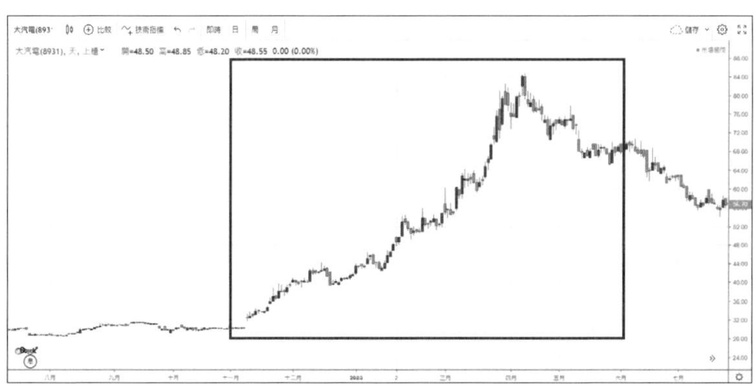

▲ 大汽電（8931）漲幅 108%

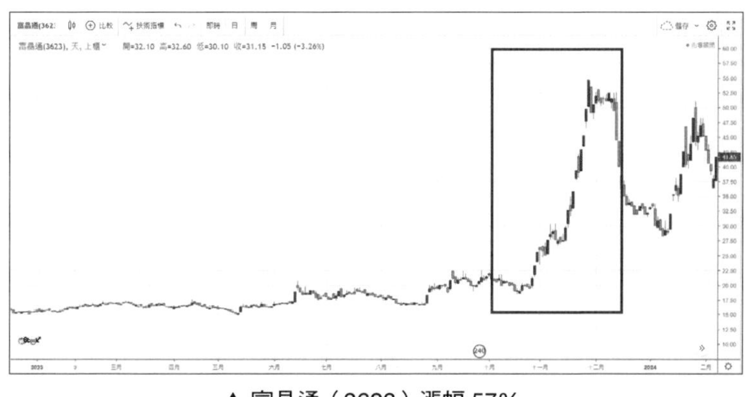

▲ 富晶通（3623）漲幅 57%

第 3 章

我用美股分散風險，建議未來10年買進標的是……

❖ 為什麼要認識美股，甚至投資美股？

上一章介紹的台股相關策略，電腦模擬測試結果表現相當不錯，的確有不少投資人只專注於台股市場。然而，台灣的金融市場有兩大風險不容忽視，一是台海危機——地緣政治風險，二是地震——天然災害風險。

一旦這些危機發生，可能會引起台灣股市震盪，資金出逃、市場被迫關閉、許多公司惡性倒閉等等。進行策略發想時，除了策略邏輯之外，還要有控制風險的機制，因此台灣的這兩大風險也必須納入考量，試著進行一些避險操作。

地緣政治風險與天然災害風險，都不是一般散戶可以操控的。在無法改變現狀與預測未來的情況下，難道就無法做任何準備嗎？還是有辦法可以因應的！所有問題總有解決之道，關鍵在於是否已經進行全方位的分析並具備相應的實踐能力。

全世界許多地方皆有股票市場，避免台灣兩大風險的其中一個解決之道，就在於把投資本金分散在不同區域的股票市場。這樣一來，即使台灣的股市無法做交易，還有其他區域的股市可以交易，分散市場、分散資金，就是變相分散風險。哪怕暫時或永久移居到其他國家，都能夠持續投資交易，顯示出鐵飯碗的真實含意：「不是在一個地方吃一輩子飯，而是一輩子到哪裡都有飯吃」。

既然已經找到解決之道，關鍵是思考選擇哪個區域的股市，來實現風險分散與資金配置。在股市中，最關鍵的衡量指標包括交易量、可交易公司數和市值等。綜合這些指標後，歸納出除了台股以外，美股是用來分散風險與資金的最佳選擇。

為何美股會雀屏中選，成為避開台股兩大風險的選擇呢？理由如下。

1. 全世界最大的股票市場

美國交易所上市股票的市值，超過全球股市總額的 40%，可說是股市的領頭羊，因此無論是交易量、流動性還是股票數量，都具有以下優勢。

- 高流動性：美國股市由於市值龐大，流動性非常高，使投資者能夠以更精準的點位進出市場，降低交易成本與滑價的可能性。
- 產業多樣性：美國股市涵蓋各種行業，包含科技、金融、醫療、能源等，提供極為多元化的投資機會，有助於分散標的與分散產業風險。
- 全球企業齊聚：許多全球知名企業皆在美國上市，日常生活中常使用的品牌，例如星巴克、蘋果、Nike 等，大多數是在美股市場上掛牌交易的國際大廠。也就是說參與美股，就有機會參與全世界的經濟表現與股市的漲幅。

2. 創新力與科技發展

美國一直是全球創新和科技發展的領先者，網路、智慧型手機與推動 AI 人工智慧發展的 ChatGPT 等，都是從美國崛起的。因此投資美股，更有機會直接參與先進技術和產業的成長，賺到科技進步的紅利以及國際大廠的盈利漲幅。

3. 美元地位與資訊透明度

美元目前還是全球主要的儲備貨幣，根據國際貨幣基金組織（IMF）公布的數據顯示，美元在全球央行外匯儲備占將近 6 成。表示投資美股，可以直接避免掉匯率波動的干擾，也提供了一定的資金保值功能。

美國的上市公司，因為受政府嚴格監管，財務數據揭露的非常豐富且透明。公告財報數字時，還會一併公告各項財務數據背後變動的原因，以及公司發生的重大事件，這些資訊皆有利於投資者對企業評估。

上述的三大特點與優勢，吸引全球資金湧入美股市場，使得美股的表現一直是市場關注的焦點。身為一般股民的我們，可以適時地將美股納入投資組合，避險的同時也能夠有效提升績效，達到一舉兩得的效果。

❖ 美股的大盤指標

在美國，大盤的四大代表性指標為道瓊工業平均指數、標普 500 指數、那斯達克綜合指數與費城半導體指數。其中費城半導體指數下一節會特別介紹，本節先講解其他三大指數。

1. 道瓊工業平均指數

道瓊工業平均指數（Dow Jones Industrial Average Index，英文代號為 DJI），成立於 1885 年，是四大指數中歷史最悠久者，由美國 30 家最大與最知名的藍籌股所組成，並且以其股價加權得出來的指數。

道瓊工業平均指數之所以會含有工業（Industrial）的字眼，是因為當初創立時處於美國工業高速成長時期。但目前的 30 個成分股，大部分公司所屬產業都與工業無關。

2. 標普500指數

標普 500 指數（S&P 500 Index，英文代號為 SPX），成立於 1957 年，由美國市值和盈利排名前 500 的公司所組成，涵蓋科技、金融與能源等多項產業，並以這 500 家公司的市值加權得出此指數。

標普 500 指數成分股多元、產業完整，被視為美股整體走勢與經濟健康狀況的代表性指標。

3. 那斯達克綜合指數

那斯達克綜合指數（Nasdaq Composite Index，英文代號為IXIC），成立於1971年，是由在美國那斯達克股票交易所上市的公司股價，依照市值加權得出來的指數。

在那斯達克股票交易所上市的公司產業多半為資訊科技業，因此，納斯達克綜合指數不僅是美國科技股的代表指數，也被視為全球科技股的重要指數。台灣的科技類股通常會與此指數連動，有在操作台灣科技股的投資者，建議一定要特別關注！

❖ 美股交易時間、單位與漲跌幅限制

美股跟台股一樣，也是每週一至週五交易，國定假日休市。比較特別的是，如表3-1所示，交易時間有分「夏令時間」與「冬令時間」，為的是充分利用日光，根據日照時間的變化而調整時區。

表 3-1 美股交易相關資訊

交易時間	夏令：台灣時間晚上9:30~隔天凌晨4:00
	冬令：台灣時間晚上10:30~隔天凌晨5:00
交易單位	1 股
漲跌幅限制	無，但有熔斷機制

夏季太陽較早升起，經由將時間往前調整一小時，大家可以早一點上班，進而早一點下班，節省電力。

夏令時間通常為每年3月的第二個星期日開始實施，直到每年 11 月的第一個星期日結束，此時美股交易時間為台灣時間晚上 9:30 至隔天凌晨 4:00。

夏令時間結束後就變成冬令時間，每年 11 月的第一個星期日過後開始，至隔年 3 月的第二個星期日之前結束，此時美股交易時間為台灣時間晚上 10:30 至隔天凌晨 5:00。

美股的交易單位為「股」，不像台股還有張的概念，因此進行買賣交易時，會更為直觀。

美股沒有漲跌幅限制，但有熔斷機制，目的是給予投資者冷靜思考和重整策略的時間，同時防止激烈的拋售浪潮，導致股市瞬間崩盤。

熔斷機制總共有三個階段，第一個階段為大盤指數下跌達 7% 時，會暫停交易 15 分鐘；第二個階段為大盤指數下跌達 13% 時，依舊暫停交易 15 分鐘；第三個階段為如果市場波動真的太大，下跌達 20%，當天會直接終止交易，休市一天。

❖ 在台灣如何投資美股？

在台灣投資美股，主要分為兩種管道，以下介紹這兩種管道的差異。

1. 複委託

複委託（Sub-brokerage）完整名稱為「受託買賣外國有價證券業務」，是投資者委託國內券商委外進行美股交易的方式。

常見的複委託投資方式為，先在國內券商開立複委託帳戶，然後透過此帳戶進行美國股票的買賣。當投資者下單後，國內券商接受投資者的下單委託，並將交易指令再委託給海外券商，由海外券商至美股交易所進行買賣操作。

因此，透過複委託交易美股，投資人接洽的對象為國內券商，開戶、下單與出入金，都是由國內券商協助操作。

2. 開立海外券商帳戶

如果不想要透過台灣券商做為媒介，中間被收一層手續費，可以選擇開立海外券商帳戶。如同開立元大與群益等證券帳戶後，直接在自己的帳戶下單，買賣美股。

如今開立海外券商帳戶，可以直接在網路進行開戶，不需郵寄紙本資料。且有些海外券商還有中文介面，不熟悉英文的朋友也不用害怕。為了吸引更多用戶，有些券商還祭出交易免手續費的優惠。

經由上述的介紹，到底要使用複委託還是開立海外券商交易美股呢？表 3-2 簡單列出兩者差異，其中手續費、電匯費、是否可以進行放空操作以及賣出入帳日，有較明顯的不同，各位可以參考比較再來做決定。

表3-2 投資美股的兩種管道比較

<table>
<tr><th></th><th>複委託</th><th>開立海外券商</th></tr>
<tr><td>開戶方式</td><td>找國內券商開戶</td><td>找海外券商開戶</td></tr>
<tr><td>手續費</td><td>0.1%至1%
電子下單最低手續費：0至100美元</td><td>0至0.1%</td></tr>
<tr><td>電匯費</td><td>無</td><td>每筆約800至1,200元台幣
（依照匯出銀行規定）</td></tr>
<tr><td>股息稅</td><td>30%</td><td>30%</td></tr>
<tr><td>資本利得稅</td><td>無</td><td>無</td></tr>
<tr><td>放空股票</td><td>無提供</td><td>提供</td></tr>
<tr><td>融資</td><td>無提供</td><td>提供</td></tr>
<tr><td>買進扣款日</td><td>T+1</td><td rowspan="3">T+1</td></tr>
<tr><td>交割日</td><td>T+1</td></tr>
<tr><td>賣出入帳日</td><td>T+2</td></tr>
</table>

- 手續費：複委託的手續費明顯較高，介於 0.1% 至 1%，每筆成交的最低手續費最高可達 100 美元（約 3,200 元台幣）；而海外券商的手續費則在 0% 至 0.1% 之間。
- 電匯費：複委託不需要電匯費，但運用海外券商下單需要將投資本金電匯到國外帳戶中進行交易，因此需要支付電匯費。費用依照匯出銀行的規定，大約在 800 至 1,200 元台幣之間。
- 放空操作與融資：只有海外券商允許進行放空操作與融資。
- 買進扣款日與交割日：複委託與開立海外券商規定相同，都是 T+1 日；而賣出入帳日方面，複委託較為特殊，由於涉及國際資金往返，帳務處理時間較長，賣出股票會晚一天入帳。

另外，複委託是透過圈存交易方式進行，即帳戶內需要有足夠的資金才能下單買股，且下單後資金會被圈存，無法再動用。

根據以上比較顯示出，複委託與開立海外券商各有優缺點，投資人可以依照個人需求選擇適合自己的交易方式。

如果你打算進行單筆大額投資、長期持有，或者每年只進行一兩次交易，複委託會是一個比較適合的選擇。因為交易次數不多，相較於電匯成本，手續費的差異並不會太大，可以避免進行海外開戶程序。然而，每次交易用台幣帳戶扣款時，需承擔匯率風險。

另一方面，美股的交易單位是以股計算，不同於台股以張（1,000股）計算。因此如果投資人會頻繁交易，或每筆成交金額較小，例如 1 股至 2 股的買賣，那麼建議開立海外券商帳戶進行交易，以避免手續費比股價還高的情況發生。

❖ 3 大海外券商介紹

海外券商跟台灣一樣，也有許多家可供選擇。以下介紹海外 3 大券商，進行比較與優缺點分析。

目前規模較大且知名的海外券商，分別為 IB 盈透證券、第一證券與嘉信證券。開戶門檻以嘉信證券最為嚴格，要準備 25,000 美元才可以開戶。交易手續費僅有 IB 盈透證券收取，每股介於 0.0005 至 0.005 美元之間，每次最低介於 0.35 至 1 美元之間。帳戶出金費的部份，第一證券每次出金為 25 美元，嘉信證券則為 15 美元，IB 盈透證券則是每月提供 1 次免費出金，之後每次出金為 10 美元。

語言的部分 3 家皆有中文介面，且都有股息再投資計畫，讓投資者在免手續費的情況下，自動將所獲得的股息再投資，用於購買原有股票。這個機制有助於實現複利效應，進一步增強投資回報。至於模擬帳戶功能，僅 IB 盈透證券與嘉信證券有提供。

由表 3-3 可以看到，3 大海外券商各有其特點，各位可以依照需求與喜好，選擇其中一個券商進行開戶。如果你是投資小白、資金部位不大，考量到開戶門檻，首次開立美股帳戶時可先不考慮嘉信證券。

IB 盈透證券及第一證券對投資人相對友善，在目前沒有設立

表 3-3　3 大海外券商比較

	IB盈透證券 （Interactive Brokers）	第一證券 （Firstrade）	嘉信證券 （Charles Schwab）
開戶門檻	$0	$0	$25,000
交易手續費	$0.0005~$0.005／股 （每次最低0.35至1美元）	$0	$0
出金費	$10 （每月提供一次免費出金）	$25	$15
中文介面	有	有	有
股息再投資計畫	有	有	有
模擬帳戶	有	無	有

開戶門檻的情況下，建議可以兩家皆開立帳戶。這樣一來，當一家無法使用時，另外一家可以相互替代！

人生永遠要有B計畫，如果某條路走不下去，就換條路走，交易也是如此。投資美股不僅能避開只投資台灣股市的兩大風險，還能加入全球最大的金融市場，善加把握這個機會，就能創造出更好的投資績效。

接著就要來介紹一個美股策略給各位參考！告訴你投資美股時，除了買進持有、低買高賣外，還有什麼操作方式，有機會獲得較高的報酬呢？

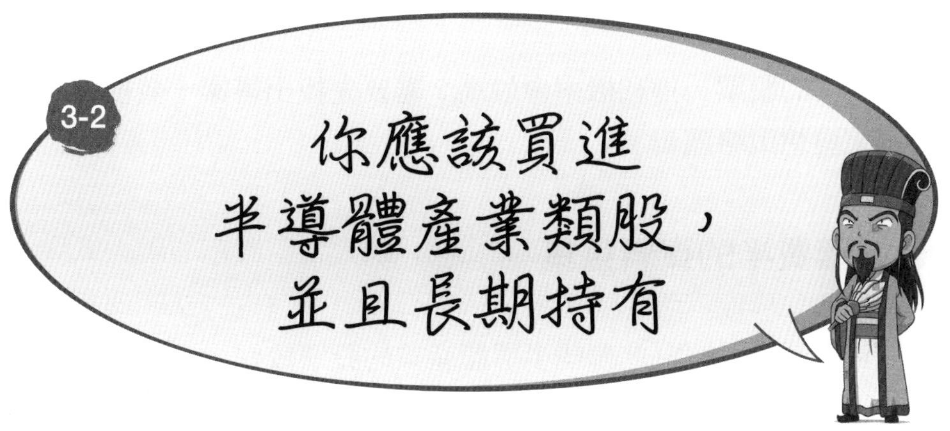

台灣的半導體產業非常有實力，但其實除了台股，美股的費半成分股走勢，也是半導體產業重要的一項指標。

❖ 認識費城半導體指數

費半全名為費城半導體指數（Philadelphia Semiconductor Index，英文代號 SOX），是美國四大指數之一。該指數成立於 1993 年，由美國 30 家大型半導體設計、設備、製造和分銷等公司的股價市值加權組成，其中包括台積電的 ADR。這 30 檔股票被稱為費半成分股，涵蓋了整個半導體產業的主要企業。SOX 被視為全球半導體產業景氣發展的重要指標，其趨勢對台股有一定程度的影響，也反映出整體市場的變化。

隨著各種智慧型載具、電子設備與 AI 產業的興起，長期來看，半導體產業將以飛快的速度持續成長。在此觀點下，買進並且長期持有半導體產業類股，是一種不錯的投資策略。但買進哪些半導體產業的股票，獲利機率會最高？需要先找出答案，並根據這些答案來發想策略邏輯。

❖ 投資費半的資料蒐集

首先，要了解買進哪些半導體產業的股票較好，必須知道個股走勢，並且針對股價與漲幅，去做詳細的電腦模擬測試。

於是我們先蒐集 2012 年 1 月至 2023 年 4 月這段期間，費半成分股 30 檔股票的資料做電腦模擬測試。分別以「前一個交易日的收盤價高低」與「過去 20 個交易日的收盤價漲幅」這兩種方式，對這 30 檔股票進行排序。

1. 過去 20 個交易日的收盤價漲幅

過去 20 個交易日的收盤價漲幅，是指今日收盤相對前 20 個交易日的收盤價上漲多少。

【舉例】

今日是 2023 年 12 月 21 日，A 股票收盤價 100 元

前 20 個交易日是 2023 年 11 月 23 日，A 股票收盤價 80 元

過去 20 個交易日的收盤價漲幅：（100－80）／80＝25%

由計算結果得知，2023 年 12 月 21 日過去 20 個交易日的收盤價漲幅為 25%。

2. 股價排序

依照前一個交易日股票的收盤價，如果由高價至低價做排序，[1,5] 代表前 5 高價的股票，[26,30] 代表前 5 低價的股票，其餘以此類推。

依照前一個交易日股票的收盤價，如果由低價至高價做排序，[1,5] 代表前 5 低價的股票，[26,30] 代表前 5 高價的股票，其餘以此類推。

3. 漲幅排序

依照過去 20 個交易日的收盤價漲幅，如果由高至低做排序，[1,5] 代表漲幅最高的 5 支股票，[26,30] 代表漲幅最低的 5 支股票，其餘以此類推。

依照過去 20 個交易日的收盤價漲幅，如果由低至高做排序，[1,5] 代表漲幅最低的 5 支股票，[26,30]代表漲幅最高的 5 支股票，其餘以此類推。

排序完畢後，接著每一等份皆用 1 萬美金市價買入，買入後持有每一等份的時間，從 1 個月、2 個月、1 季（3 個月）、半年（6 個月）一直到一年（12 個月），接著來查看電腦模擬測試的結果。

圖 3-1 與圖 3-2 所展示的是「淨獲利／最大虧損」的比值，這種以報酬除以風險的比值稱為「風報比」。該比值越大，代表淨獲利越高或最大虧損越小，投資績效表現越佳。

根據圖表，可以觀察到持有 12 個月，且價格由低價至高價做排序，前 5 低價的 [1,5] 組合，其風報比為最高的 3.44。所有風報比大於 1 的情況，皆落在價格排序的區間。

排序方式	持有月數	1						2						3					
	檔數名次	[1,5]	[6,10]	[11,15]	[16,20]	[21,25]	[26,30]	[1,5]	[6,10]	[11,15]	[16,20]	[21,25]	[26,30]	[1,5]	[6,10]	[11,15]	[16,20]	[21,25]	[26,30]
價格低至高		0.47	0.62	0.20	0.18	0.30	0.20	0.59	0.63	0.21	0.21	0.34	0.25	0.70	0.67	0.21	0.27	0.34	0.29
價格高至低		0.43	0.29	0.16	0.19	0.63	0.40	0.48	0.32	0.21	0.22	0.67	0.44	0.53	0.33	0.26	0.25	0.75	0.61
漲幅高至低		0.30	0.14	0.38	0.58	0.40	0.29	0.35	0.23	0.40	0.58	0.38	0.26	0.48	0.27	0.33	0.43	0.40	0.33
漲幅低至高		0.40	0.50	0.44	0.42	0.07	0.24	0.38	0.46	0.57	0.39	0.18	0.25	0.49	0.40	0.47	0.35	0.24	0.34
	Totals	**0.40**	**0.39**	**0.29**	**0.34**	**0.35**	**0.28**	**0.45**	**0.41**	**0.35**	**0.35**	**0.39**	**0.30**	**0.55**	**0.42**	**0.32**	**0.32**	**0.43**	**0.39**

▲ 圖 3-1　投資費半部分成分股的淨獲利／最大虧損

排序方式	持有月數	6						12						Totals
	檔數名次	[1,5]	[6,10]	[11,15]	[16,20]	[21,25]	[26,30]	[1,5]	[6,10]	[11,15]	[16,20]	[21,25]	[26,30]	
價格低至高		1.33	0.74	0.36	0.45	0.42	0.49	3.44	1.35	0.58	1.02	0.54	1.01	**0.61**
價格高至低		0.81	0.43	0.43	0.42	0.86	1.03	1.76	0.52	0.98	0.67	1.46	2.68	**0.64**
漲幅高至低		0.63	0.48	0.44	0.50	0.39	0.36	0.95	0.95	0.69	0.81	0.63	0.52	**0.46**
漲幅低至高		0.54	0.40	0.58	0.46	0.43	0.45	0.80	0.72	0.77	0.78	0.84	0.66	**0.47**
	Totals	**0.83**	**0.51**	**0.45**	**0.46**	**0.53**	**0.58**	**1.74**	**0.89**	**0.76**	**0.82**	**0.87**	**1.22**	**0.55**

▲ 圖 3-2　投資費半部分成分股的淨獲利／最大虧損

由此結果推論，相對於以漲幅排序，以價格排序的投資績效較佳。在價格排序方面，選擇買入價格較低的成分股，表現優於選擇價格較高的成分股，而且持有半年以上的表現較為出色。

一開始的問題是買進哪些半導體產業的股票較好？經過分析後，得到的解答是**優先以股票價格高低為依據進行交易，且集中買進價格較低的費半成分股**，並長期持有這些股票，持有期間至少為半年。

因此，美股費半成分股策略的目標，是在半導體產業長期成長的環境中，買進價格較為低廉的費半成分股，並期待實現投資回報。

❖ 費半策略邏輯

每年的 1 月與 7 月，依照價格排序，買入價格較低的 5 檔費半成分股，且持有時間為半年，半年後出場。

【舉例】

假設 2023 年 1 月進場，買入價格較低的 5 檔費半成分股後，2023 年 7 月出場。出場後，再將費半成分股重新依照價格排序，買入價格較低的 5 檔費半成分股，等到 2024 年 1 月出場後，持續重複步驟。

建議準備資金

每次進場固定投入 5 萬美金（約台幣 160 萬元），每檔費半成分股以 1 萬美金購買最大股數。

獲利曲線&詳細資訊

以下為電腦模擬測試的獲利曲線，可以看到費半成分股策略在 2012 年至 2013 年，與 2015 年至 2016 年獲利有下滑，並且維持在 5 萬美金以內。之後就一路向上獲利大爆發，到了 2019 年與 2020 年因為新冠肺炎影響稍微下降，但隨後又快速上升，直到 2022 年才開始有回跌。

總獲利	206,894	交易期間	2012/7~2023/4
交易總額	1,048,934	最大下跌起始時間	2020/1/17
年報酬率（單利）	37.32%	最大下跌金額	21,727
勝率	71.4		

由上表可以看到， 2012年7月至2023年4月，10多年的時間，總獲利約20萬6千美金（約659萬台幣），年報酬率（單利）為37.32%，勝率超過7成，最大下跌金額約2.1萬美金。

美股費半成分股策略每半年只需執行一次，熟練的話，每次操作不超過5分鐘。且策略邏輯非常簡單，也就是購買低價的費半成分股，執行10年就有超過30%的年報酬率（單利）。

美股的流動性強，不受到地域限制，只要能上網就能交易。萬一台股無法交易，如果有提早準備設定好交易B計畫，就能分散資金、分散風險，手中持有的股票歸零的風險就降低許多，還可以繼續享有半導體產業帶來的紅利！

以下為TradingView費城半導體指數QR Code與網址，各位可以到該網站中搜尋費半成分股。網站上的價格、漲跌%與成交量等，都可以做排序，在操作費半成分股策略找尋價格最低的 5 檔股票時，會更為方便，提供給各位參考。

https://tw.tradingview.com/symbols/NASDAQ-SOX/components/

重點整理

跟著諸葛亮操作：費半指數策略

投資心法

台灣的半導體產業非常有實力，引領著台股的漲跌。若想投資半導體產業，其實除了台股，美股的費半成分股也可以列入投資標的。

萬一台股暫時無法交易，美股的流動性很強，可用來分散資金與分散風險。只要提前做好準備，不侷限於僅投資台股市場，手中持有的股票歸零的風險就降低許多，還可以繼續享有半導體產業帶來的紅利！

操作步驟

1. 每年的 1 月與 7 月，將費半成分股依照價格排序。
2. 買入價格較低的 5 檔費半成分股。
3. 買進的標的持有時間為半年，半年後出場。
4. 每次進場固定投入 5 萬美金。
5. 每檔費半成分股以 1 萬美金購買最大股數。

📝 費半成分股查詢

費半成分股建議至 TradingView 費城半導體指數尋找，QR Code 與網址如下：

https://tw.tradingview.com/symbols/NASDAQ-SOX/components/

下圖是進入 TradingView 費城半導體指數的顯示頁面，在價格的欄位選擇升序（Sort Ascending），將 30 檔費半成分股依照價格，由低至高排序，就能夠查詢價格較低的 5 檔費半成分股了！

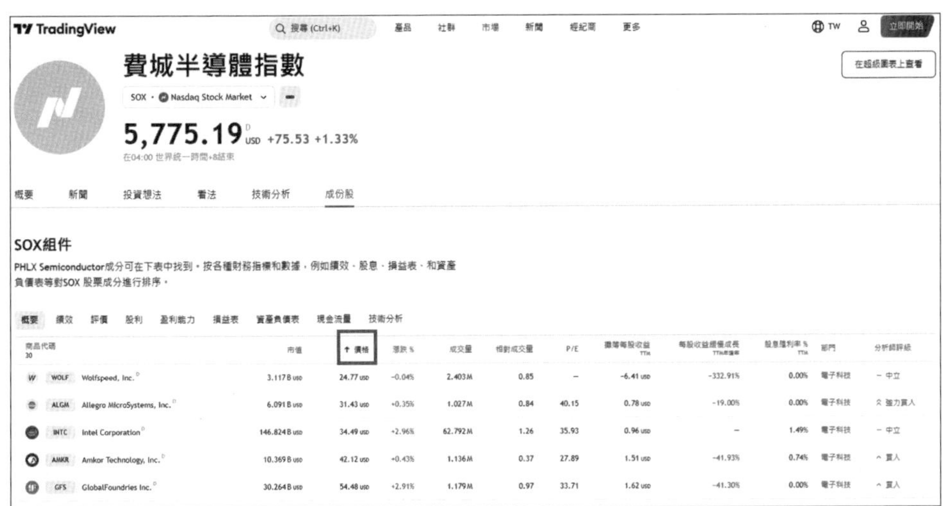

第 4 章

懶人、無腦、不看盤，跟我這樣買 ETF 輕鬆獲利 140%！

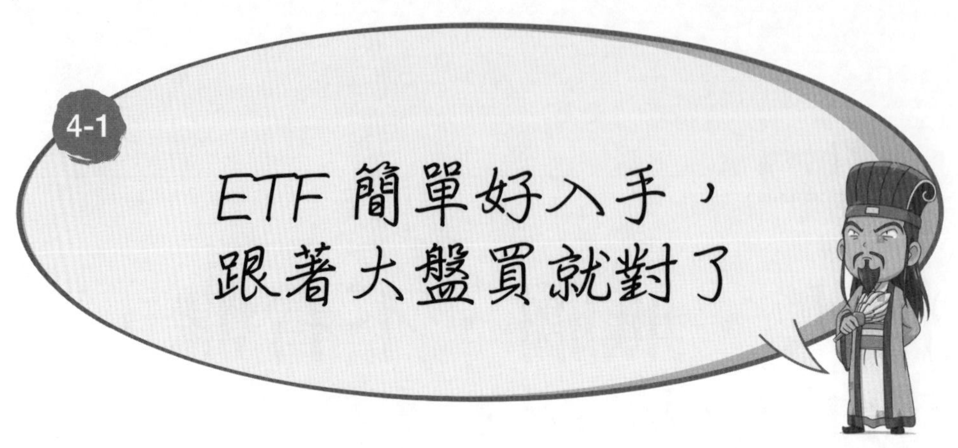

近幾年來台灣股市中，吹起一股投資 ETF 的風潮。尤其新手詢問身邊的人該如何開始投資時，得到的建議，大多是購買與大盤走勢高度連動的 ETF，例如元大台灣 50（0050），或是高股息 ETF 元大高股息（0056）。

2024 年 4 月 1 日掛牌的元大台灣價值高息 ETF（00940），首次公開發行募資後，1 股 10 元的發行價讓許多股民為之瘋狂，在 5 天的申購期間內，申購金額更是高達 1,752 億，創下歷史紀錄。

究竟 ETF 是什麼？與個股的差異為何？ ETF 的優缺點是什麼？本章跟你一次講清楚！

❖ ETF是什麼？為何受到投資人青睞？

ETF 全名是 Exchange Traded Fund，中文翻譯為指數股票型基金，由名稱可知，ETF 同時具有股票與基金的某些特性。常見的 ETF 皆是用來被動追蹤特定指數的走勢，投資報酬率是由指數的漲跌決定。ETF 具有以下優點，深獲台灣投資人喜愛。

1. 投資標的多元化

指數的編制，通常是由多家公司的市值計算產生的，例如加權指數。當 ETF 要追蹤特定指數時，持有標的必定會包含多家公司的股票，因此 ETF 實現了投資組合的多元化，降低單一資產風險。

台灣最著名的 ETF 為 0050，成分股由台灣前 50 家市值最大的公司組成，每季調整一次成分股。因此當你買 0050，等同於投資台灣前 50 名的公司，也就是投資大盤，而且即便不是直接投資單一公司，還是可以領到配息！

2. 以低成本的方式分散標的

ETF 讓投資人可以用較低的成本，投資多家不同產業與公司。以 0050 為例，2024 年 1 月 19 日的收盤價為 132.9 元，當天全台灣市值最大的公司台積電的收盤價為 626 元，差了近 5 倍。

因此投資人能以相對較低廉的價格，入手台灣前 50 名公司的股票。如此低成本的分散投資方式，也有助於降低特定股票對整體投資組合的風險。

3. 交易方式跟股票一樣

ETF 是在證券交易所上市，投資人可以像買賣股票一樣自行買賣 ETF，比起一般基金，流動性更強。

❖ 沒有完美的投資工具，小心 ETF 這些缺點

1. 內扣費用降低報酬

ETF 屬於基金的一種，由基金經理人管理與調整。儘管他們大多數只能被動地跟著指數漲跌更改持有標的，投資 ETF 還是會產生經理費、保管費與調整投資組合的交易成本等，稱為「內控費用」。

雖然 ETF 的內控費用較一般基金低，但還是存在。不同於交易手續費僅在交易成功時收取，內扣費用是會持續產生的，而且是從 ETF 的淨值中直接扣除。因此計算投資 ETF 的報酬時，需扣除內扣費用，才能得出實際報酬。

2. 追蹤誤差影響投資績效

ETF 的主要目標是追蹤特定指數，然而在市場實際交易時，由於涉及買賣行為，必須考量交易成本、流動性與交易的時間點。因此 ETF 的表現不可能百分之百完全複製指數的走勢，一定會有些許差異。

這種差異被稱為「追蹤誤差」（Tracking Error），追蹤誤差會讓 ETF 的淨值降低，投資績效因此可能變差。

3. 過度交易風險

有些 ETF 標的調整頻率非常高，例如反向型 ETF。這類 ETF 中以元大台灣 50 反 1（00632R）最為著名，它是反向追蹤 0050。也就是說 0050 漲，00632R 跌；0050 跌，00632R 漲，每日皆須動

態調整，用來更貼近反向追蹤 0050。

在頻繁買賣、調整頻率較高的情況下，產生的交易成本較高，淨值也會跟著下降。

ETF 多元化、低成本，交易方式相對簡單等原因，確實非常適合作為投資新手與小資族的入門磚。但基於以上提到的內扣費用、追蹤誤差與交易成本等原因，導致 ETF 的淨值下跌，這點也非常需要考量。

坊間有各式各樣的書籍、網站與 YouTube 頻道，教投資人如何購買 ETF，標的大多著重於正向型 ETF。也就是 ETF 的價值會與所追蹤的標的同步變動，當所追蹤的標的指數或資產上漲時，正向型 ETF 的價值也會隨之上漲。

基於股價指數（簡稱股指）長期向上的原理，在台灣直接購買追蹤大盤的正向型 ETF，例如 0050 並且長期持有，其報酬率通常會保持在一定水準之上，這也是一種長期做多大盤的策略。

但除此之外，還有沒有其他形式的 ETF 投資方式，可以同樣賺到股指長期向上的紅利呢？當然有，這就是本章的精華所在，以下讓我們進入「反向操作 ETF 策略」的介紹。

4-2 放空＋槓桿效果，建議美股反向型 ETF 最能放大獲利

華爾街公認的一句交易格言：「趨勢是你的朋友」，而 ETF 反向操作策略的獲利本質是「股價指數長期向上」。

講解 ETF 反向操作策略之前，先來探討為什麼股價指數會長期向上，以及為什麼股價指數會呈現長期上漲的趨勢？

❖ 從三大指數印證趨勢

圖 4-1 為台股加權指數 1999 年至 2024 年 2 月初的走勢圖，可以看出 24 年期間股市一路向上。1999 年初，加權指數還在 6000 點上下徘徊，2024 年 2 月初已經來到 18096 點，漲幅高達 201%，翻了 3 倍之多。

單看台股就推論股價指數長期向上，可能驗證的力道還不夠。接著來看看全球金融經濟重鎮，衡量美國 500 家公司與科技股表現的指數，也就是標準普爾 500 指數與那斯達克綜合指數的走勢。

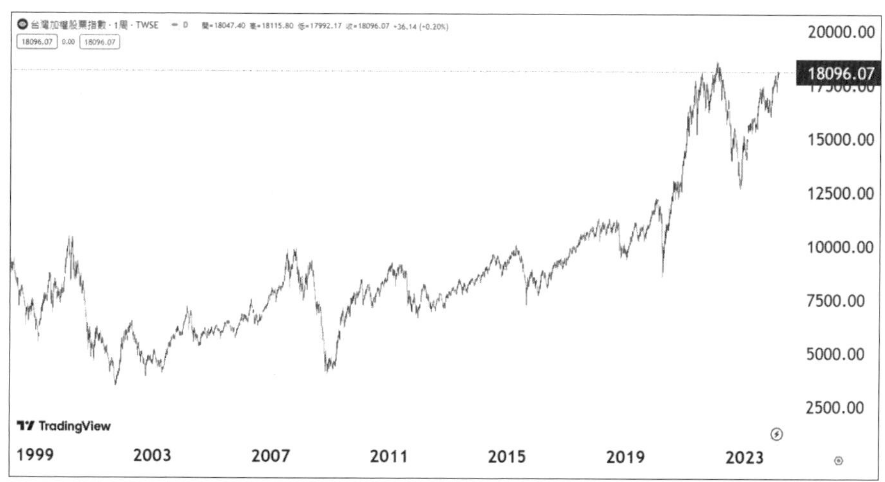

▲ 圖 4-1　台灣加權指數走勢圖
（資料來源：TradingView）

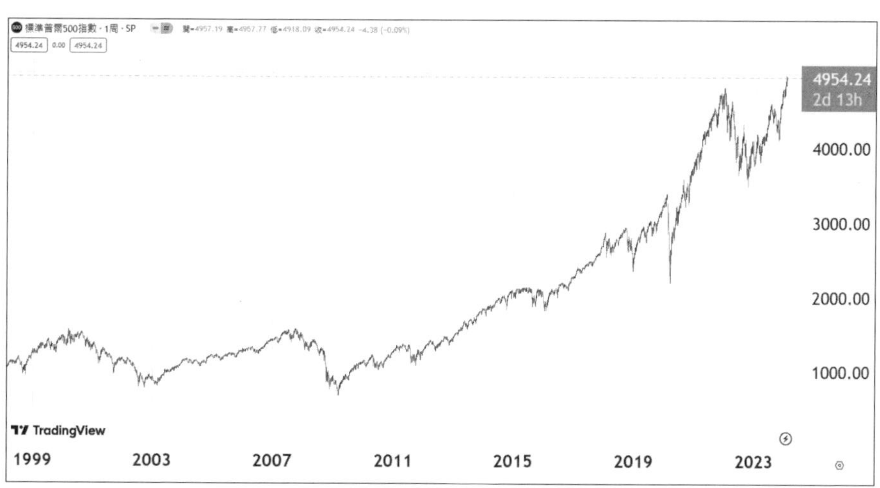

▲ 圖 4-2　標準普爾 500 指數走勢圖
（資料來源：TradingView）

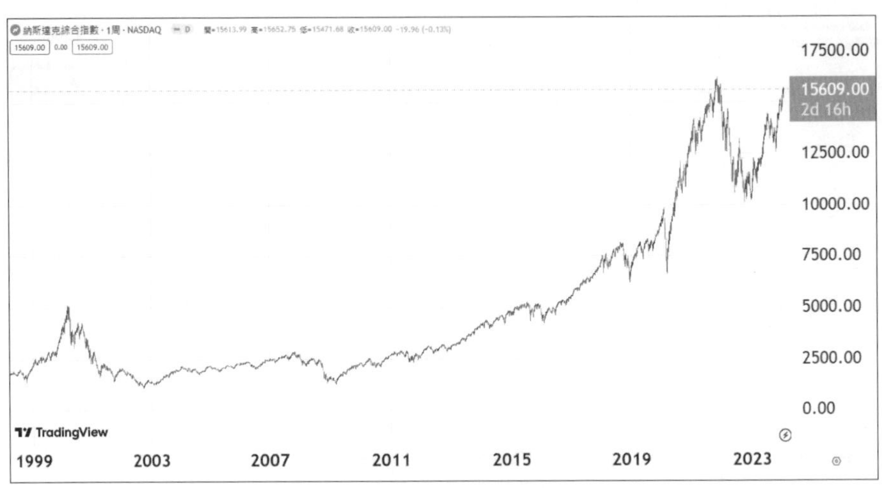

▲ 圖 4-3　那斯達克綜合指數走勢圖
（資料來源：TradingView）

圖 4-2 為標準普爾 500 指數在 1999 年至 2024 年 2 月初的走勢圖，可以看到 24 年期間指數向上飆升。1999 年初約在 1200 點左右，2024 年 2 月初衝到 4954 點，漲幅高達 312%，翻了超過 4 倍。

圖 4-3 為那斯達克綜合指數 1999 年至 2024 年 2 月初的走勢圖，24 年期間指數也是一路向上。1999 年初還在 2000 點上下徘徊，2024 年 2 月初漲到 15609 點，漲幅高達 680%，翻了超過 7 倍。

以上這三張圖的共同特性就是指數都是一路向上，且走勢一個比一個還猛。即使中間有一些回調與跌幅，還是不影響火車頭持續向前行的決心。數據非常清楚地證實了股價指數長期向上的特性，而究竟導致這個特性的原因是什麼？

其中一個主要原因非常容易理解，和目前的法定貨幣發行政策、經濟學的供需原理息息相關。在此以美國的法定貨幣政策舉例說明，也可以套用在其他地區，原理都相同。

❖ 以美國貨幣政策為例說明

美國的法定貨幣時代源於 1971 年，當時美國尼克森總統停止美元對黃金的兌換，正式結束金本位的時代後，自此進入法定貨幣時代。

一張紙鈔成本不到台幣 30 元，簡單來說就是一張紙而已。法定貨幣的紙鈔之所以有價值，是來自於市場對該國政府的信任程度，信任程度越高，該地區的法定貨幣價值也會提高。

依照法規的規定，中央銀行可以發行法幣，但沒有法規限制法幣總體的發行量，因此美國自從脫離了金本位的機制後，法幣的數量大幅上升。根據圖 4-4 美國聖路易斯聯邦儲備銀行公布的數據顯示，1971 年美國 M2 貨幣供應量約為 6 千多億，2023 年 11 月約為 20 兆，暴增 30 多倍。

這麼多的法幣，除了人民日常生活用品的交易外，自然需要其他管道吸收，否則通膨會非常非常嚴重，這不是政府樂見的情況。

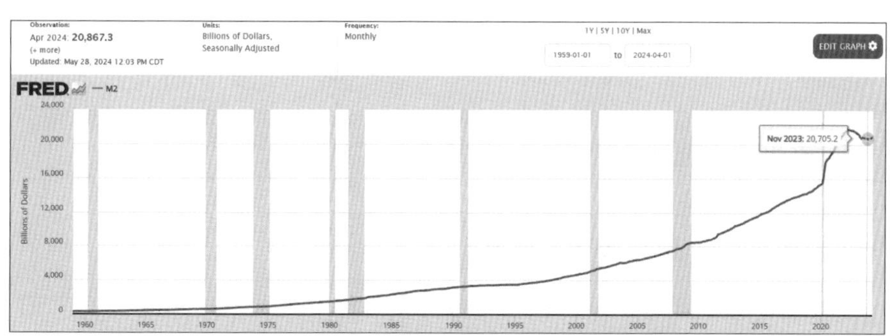

▲ 圖 4-4 1960/1~2023/11 美國 M2 貨幣供應量（金額單位：10 億美金）
（資料來源：聖路易斯聯邦儲備銀行官網）

因此有很大一部分法幣進入金融市場與房地產，讓各式各樣金融產品與資產價格飆漲，持有上述資產的人越來越富有，領固定薪資的人越來越窮。

綜觀近 20 年來的經濟走勢，每當經濟開始出現衰退或爆出金融危機時，為了穩定金融市場、防止大幅度衰退、止住資產價格下跌與刺激經濟等，政府與中央銀行如出一轍的手法就是印鈔與降息。目的是讓市場的貨幣流通量增加，提供流動資金來緩解市場的情緒，協助債務更容易被還清。

雖然印鈔導致的通膨是由全體人民承擔，但各國政府還是屢試不爽，在沒有找到更好的方法解決金融危機之前，法幣數量只會持續增加，不會減少。因而使更多錢流入金融市場，形成一個無限循環，且在科技快速進步的加持下，導致股價指數長期向上。

既然股指長期向上，想要從市場中獲利，除了長期做多購買追蹤大盤的正向型 ETF 外，還可以長期放空大盤反向型的金融商品。

放空金融商品的意思是，當你認為某個金融商品未來價格會下跌，那麼就可以先進行賣出的動作，等到未來價格真的下跌後，再用更低的價格買回，賣高買低，賺取中間的利潤。

❖ 大盤反向型的金融商品介紹

1. 00632R（元大台灣 50 反 1）

台灣最著名的大盤反向型金融商品為 00632R（元大台灣 50 反 1），其全名為元大台灣 50 單日反向 1 倍 ETF，顧名思義就是每日反向追蹤 0050 （元大台灣 50）的 ETF。假設 0050 單日上漲 2%，

00632R 單日會下跌 2%，以此類推。

因為股指長期向上，追蹤台灣大盤的 0050，長期而言價格走勢一路向上，如圖 4-5 所示。相反地，00632R 從 2014 年 10 月發行至今價格走勢一路下跌，跌幅超過 8 成，如圖 4-6 所示。因此可以推

▲ 圖 4-5　0050 長期走勢一路向上
（資料來源：Google 財經）

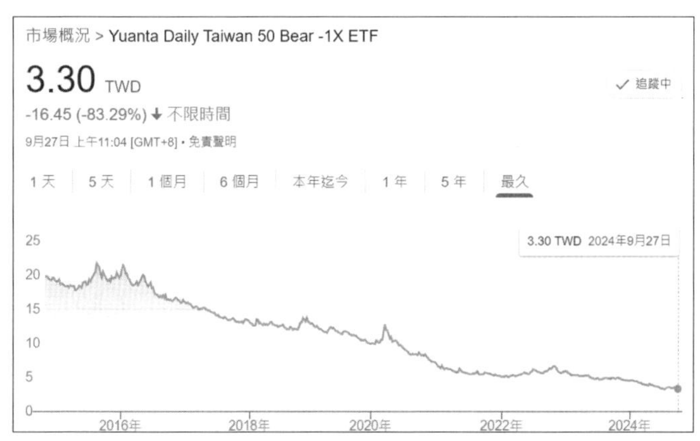

▲ 圖 4-6　00632R 長期走勢一路向下
（資料來源：Google 財經）

論，長期買進0050可以獲利，那麼長期放空00632R也會獲利。

在台灣如果要放空台股或ETF，需要透過融券的方式進行。融券放空的概念就是借入別人持有的股票後再賣出，因此在這個過程中，必須提供抵押品，以確保借入的股票能夠歸還給原股東。

一般而言，進行融券操作時，需要準備借入股票價值的90%作為保證金，同時必須符合各券商制定的相應規定，開立信用帳戶。事前工作都準備完畢後，還需確認市場上是否有足夠的股票可供借用，因此不是想放空哪檔股票就能空這麼簡單。

2. SQQQ（ProShares三倍放空那斯達克指數ETF）

由於放空台股與ETF有較多的限制，我們決定轉向美股市場，尋找美股是否也有大盤反向型的金融商品。經過一番研究後，發現美股真不愧是全世界最大的股票市場，不僅有反一倍的大盤反向型ETF，還有槓桿反向型的ETF。

所謂槓桿反向型ETF，是指與追蹤標的存在著「倍數」之間的反向關係。例如SQQQ（ProShares三倍放空那斯達克指數ETF），此檔ETF當那斯達克指數上漲1%時，會下跌3%。

在上一節介紹ETF時，有提到ETF表現不可能百分之百完全複製指數的走勢，因為會有追蹤誤差，導致ETF的淨值降低。加上SQQQ由於是三倍放空，追蹤誤差會更大，導致淨值變得更低。

槓桿操作加上追蹤誤差，能夠有效增加放空大盤反向型金融商品的收益。但也不能忽略槓桿將帶來更高的風險，因此需要合理控制風險，也就是要嚴格遵守策略設定的條件，才能夠有效地透過放空大盤的槓桿反向型ETF，在股指長期向上的情況下獲得收益。

❖ 美股槓桿反向型的ETF介紹

以下列出 10 支美股槓桿反向型的 ETF 給各位參考。

1. SPXU（ProShares 三倍放空標普 500 指數 ETF）
2. SDOW（ProShares 三倍放空道瓊 30 指數 ETF）
3. SQQQ（ProShares 三倍放空那斯達克指數 ETF）
4. SRTY（ProShares 三倍放空羅素 2000 指數 ETF）
5. TECS （Direxion 每日三倍放空科技業 ETF）
6. SOXS（Direxion 每日三倍放空半導體 ETF）
7. FAZ（Direxion 每日三倍放空金融 ETF）
8. SMDD（ProShares 三倍放空中型股 400 ETF）
9. TZA（Direxion 每日三倍放空小型股 ETF）
10. TMV（Direxion 每日三倍放空 20 年期以上美國公債 ETF）

圖 4-7 至 4-10 分別為 SPXU、SDOW、SQQQ 與 SOXS 4 項標的歷年來的淨值曲線。從圖中可以清楚看到，這些槓桿反向型 ETF 都有一個共通點，就是長期價格都是一路向下，走勢十分相似，直接驗證了股指長期向上的特點，以及長期放空槓桿反向型ETF 真的有利可圖！

由於本章節介紹的美股槓桿反向型 ETF 策略涉及放空操作，且為了節省交易手續費，因此我們選擇開立海外券商帳戶執行策略。並將全部投資本金一次性電匯到國外帳戶，僅需支付一次電匯費，有效降低交易成本。

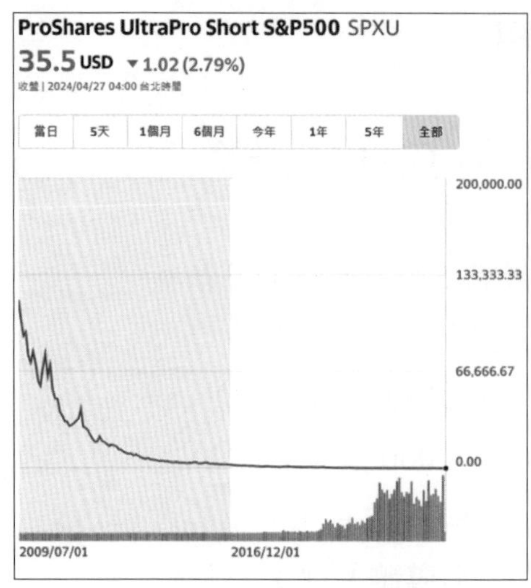

▲ 圖 4-7　SPXU 走勢圖

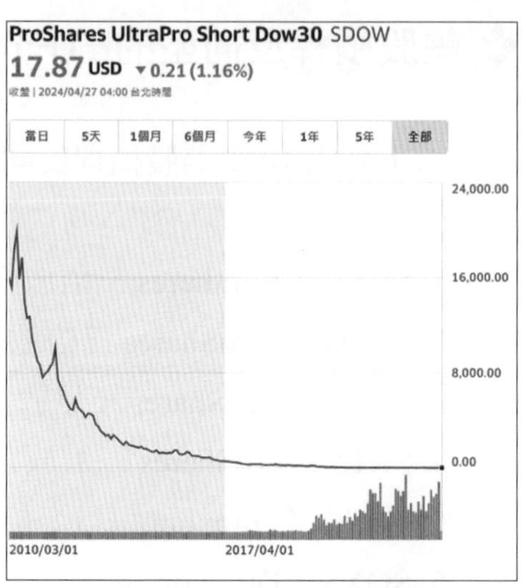

▲ 圖 4-8　SDOW 走勢圖

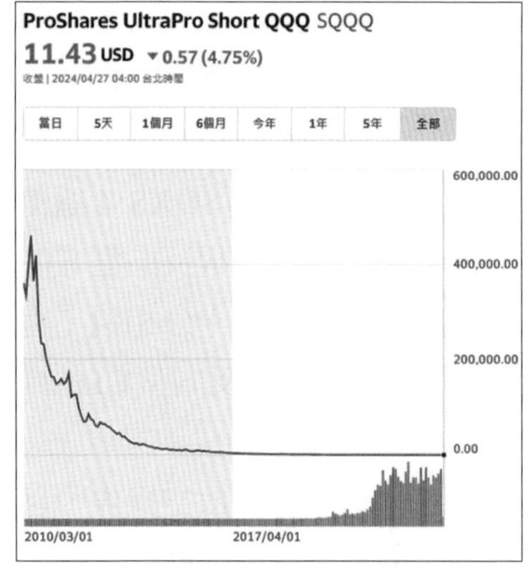

▲ 圖 4-9　SQQQ 走勢圖

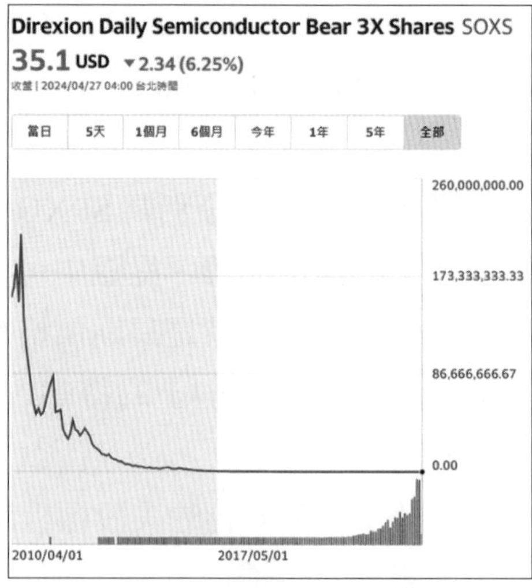

▲ 圖 4-10　SOXS 走勢圖

（資料來源：皆為 Yahoo 股市）

以下電腦模擬測試與實際下單是挑選 SQQQ 與 SOXS 放空，各位可以依照需求自行變化標的。

❖ 放空 SQQQ 與 SOXS 策略邏輯

進場第一年操作方式：以月為單位，每個月用一樣的金額輪流放空此 2 檔 ETF。

第一個月放空 SQQQ，第二個月放空 SOXS，第三個月放空 SQQQ，第四個月放空 SOXS，以此類推。到第十一個月放空 SQQQ，第十二個月放空 SOXS，盡量讓每個月放空的時間點都相同，放空時間為一年。

放空股數：投資金額除以放空時 SQQQ 或 SOXS 的價格，所得出的最大股數。

【舉例】

每個月投資金額為 1,000 美金，第一個月放空 SQQQ，放空 SQQQ 時的價格是 13.85 美金，「1000÷13.85≈72」，得知要放空 SQQQ 72 股。

進場第一年之後的操作方式，以第十三個月、第十四個月、第十五個月與第十六個月的操作做說明。

到了第十三個月，第一個月放空的 SQQQ 已經過一年。因此先平倉放空 SQQQ 的部位，只要點擊平倉按鈕後，系統會自動平倉，確認結算掉部位後，再用一樣的投資金額計算放空股數，放空 SQQQ。

第十四個月時，第二個月放空的SOXS已經一年。因此先平倉放空SOXS的部位，一樣點擊平倉按鈕後，系統會自動平倉。確認結算掉部位後，再用一樣的金額計算放空股數，放空SOXS。

第十五個月、第十六個月一直到之後的每個月，操作方式都一樣，等同於每個月操作一次！

建議準備資金

以年為單位，一年至少準備1萬2千美金，約38萬台幣。也就是每個月固定最低投入1千美金，以1千美金購買最大股數。

每個月進場且投入金額皆相同，是為了分散資金與進場時間，進而分散風險。透過每個月進場點位的不同，當股市突然遇到黑天鵝事件或處於空頭市場時，放空的保證金才不致損失太慘重。

如果要加碼策略資金，為了控制風險，請以「年」作為考量。也就是說進場的第一個月到第十二個月，投入的金額皆要相同。

例如原本固定投入1千美金，之後發現策略有獲利，想要加碼1千美金，讓投入的金額提升至2千美金。這時候進場的第十三個月到第二十四個月，每個月投入的金額都要變為2千美金，而不是只挑其中幾個月進行加碼。這點非常重要，是我們在進行電腦模擬測試時，發現的加碼關鍵。

經由前述內容，各位可以了解美股放空槓桿反向型ETF策略是單利操作，而非複利進行。這是經過改良的，原始的策略是每年會將所有的獲利全部加碼進策略裡，進行利滾利的操作。

然而，經過電腦模擬測試後，發現複利操作可能導致淨值變成負數，如同圖4-11顯示。儘管策略獲利的本質股指長期向上沒有變，但是為什麼績效會出現如此大的波動呢？

仔細探討原因之後，發現是因為複利會加速放空的股數。在面對一次大規模市場跌幅時，先前放空的股數過多使淨利歸零，甚至讓投資本金虧損。儘管一開始淨值曲線向上噴發，但是在面對 2022 年大盤跌幅近 30% 的情況時，淨值迅速下降至 0 以下。

也就是說，歷經十多年的堅持、好不容易賺到的 2 千多萬，就瞬間歸零了。這個例子反應了複利的雙面性，儘管在策略盈利時，善用複利能夠讓資金快速增長，相反地策略虧損時，帳戶淨值可能急劇下降，甚至使資產瞬間歸零。因此經過一連串的電腦模擬測試與分析後，美股放空槓桿反向型 ETF 策略才會變成單利操作。

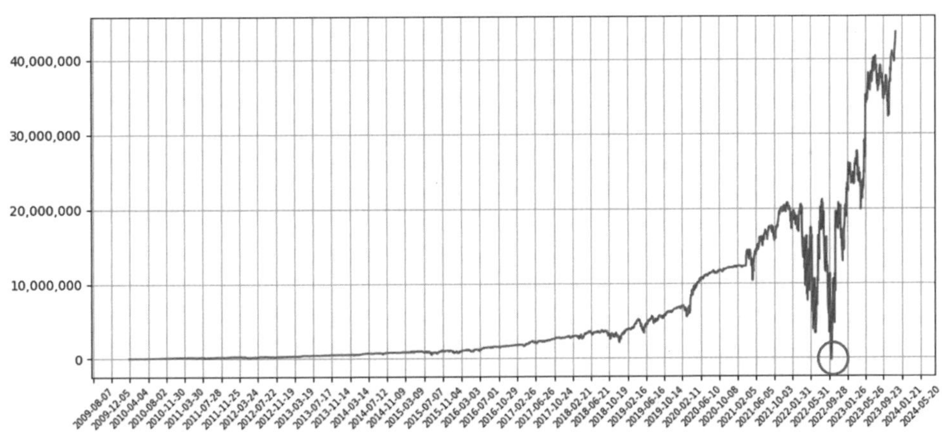

▲ 圖 4-11　美股放空槓桿反向型 ETF 策略複利操作結果

接著就來看單利操作的美股放空槓桿反向型 ETF 策略，2010 年 4 月至 2024 年 1 月電腦模擬測試的淨值曲線與詳細資訊。

淨值曲線&詳細資訊

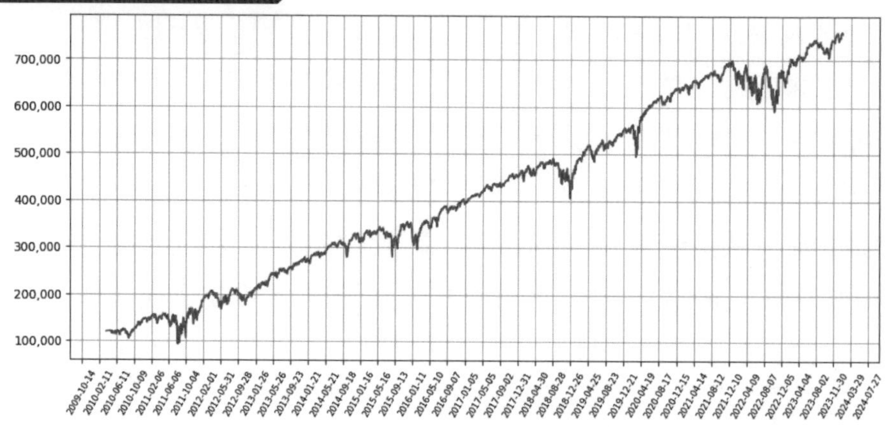

初始資金	120,000	交易期間	2010/4~2024/1
最終資金	757,435	交易標的	SQQQ、SOXS
年報酬率（單利）	38.63%	最大下跌起始時間	2021/12/27
獲利倍數	6.31	最大下跌金額	108,726

由以上電腦模擬測試的淨值曲線及詳細資訊表可以看到，策略的初始資金為 12 萬美金，交易期間從 2010 年 4 月至 2024 年 1 月。淨值雖然中間有下跌，但綜觀來看還是一路向上， 最終資金約 75 萬 7 千美金（台幣 2,422 萬），年報酬（單利）為 38.63%，獲利倍數 6.31 倍。最大下跌起始於 2021 年 12 月 27 日，下跌金額來到 10 多萬美金。

策略經過下單模式的調整，由複利下單改為單利下單，即便市場有不小的跌幅，還是成功避免了淨利歸零的情況，策略的獲利狀況也變得更為理想，這正是我們想要追求的。從這個策略的探討中，再次顯示出每條成功的淨值曲線，背後都隱藏著無數次的失敗歷程。

面對策略的挑戰時，絕對不要輕言放棄。相反地而是應該不斷地改良與優化，直到克服困難找到答案為止。過程中交易實力也會跟著提升，促使交易績效不斷改善，因此堅持不懈、持之以恆的態度是成功的關鍵。

圖 4-12 框起來的地方呈現 2023 年 9 月至 2024 年 9 月美股放空槓桿反向型 ETF 策略的電腦模擬測試淨值曲線，而圖 4-13 呈現美股放空槓桿反向型 ETF 策略 2023 年 9 月至 2024 年 9 月在 IB 盈透證券實際下單的年度淨值曲線。

值得注意的是，電腦模擬測試出的淨值曲線，與實際下單的淨值曲線呈現相似的走勢，低谷和高峰都有明顯重疊。這印證了我們

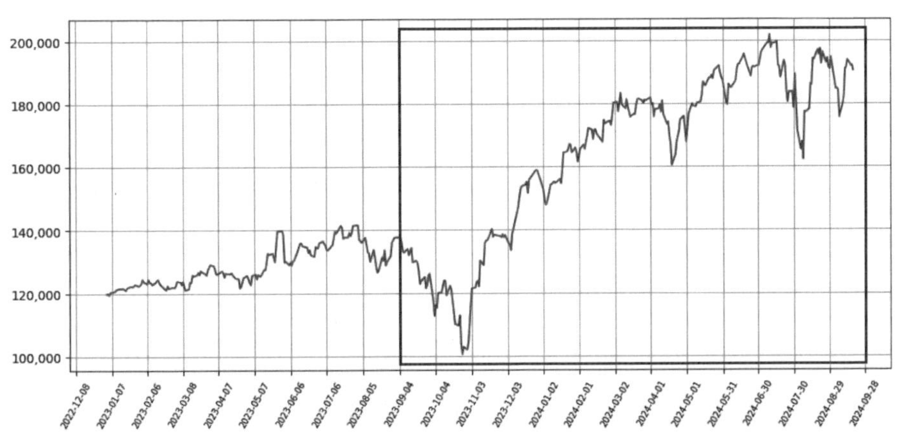

▲圖 4-12　美股放空槓桿反向型 ETF 策略電腦模擬測試淨值曲線

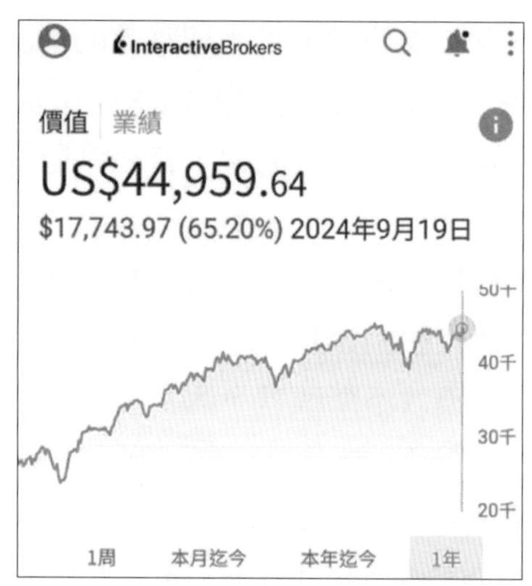

▲ 圖 4-13　IB 盈透證券的年度淨值曲線對帳單

的電腦模擬測試結果，參考價值極高，只要嚴格按照策略邏輯，有紀律地按時操作，就有望實現與電腦模擬測試結果相近的績效。

從對帳單的年度淨值曲線可以看出，2023 年 10 月美國遭遇企業財報表現不佳與以巴衝突有擴大的跡象等原因，大盤有一波下跌，對帳單的淨值也是下殺，接著開始反彈。隨著感恩節、聖誕節與新年行情的發威，大盤開始向上衝，美股放空槓桿反向型 ETF 策略淨值拐頭向上到 2024 年， 且還持續創一年來淨值的歷史新高。

ETF 反向操作策略簡單明瞭，不需盯盤、不複雜、不用動腦，每個月僅需進場操作一次，並且在持有放空部位一年後進行結算，就有機會創造出優異的績效。

再次證實，只要掌握策略獲利的本質，擬定合適的策略，以及準備好輸得起的本金後，接下來就是堅持遵守策略。長期執行下，不知不覺中，你可能就會意外地實現驚人獲利！

重點整理

跟著諸葛亮操作：美股槓桿反向型 ETF 策略

投資心法

法定貨幣時代，越來越多法幣流入金融市場，推動各種金融產品與資產價格飆漲，形成無限循環。加上科技的快速進步，進一步促使股價指數長期向上。

基於股價指數長期向上的原理，除了購買追蹤大盤的正向型 ETF，還可以長期放空大盤反向型的金融商品，就會有不錯的獲利。然而台灣對放空台股與 ETF 有較多限制，因此轉向美股市場，放空大盤反向型的 ETF。

操作步驟

1. 選定要放空的槓桿反向型 ETF 標的，書中以 SQQQ 與 SOXS 為例。

2. 每個月放空一個標的：第一個月放空 SQQQ，第二個月放空 SOXS 以此類推，放空的時間以一年為基準。

3. 一年後先平倉一年前持有的部位，再進場持續放空。例如在第十三個月時，先平倉一年前第一個月放空 SQQQ 的部位，結算損益後，再次進場放空 SQQQ。

4. 一年至少準備 1 萬 2 千美金。

5. 每次進場最低固定投入 1 千美金，以 1 千美金購買最大股數。

實際操作績效

以下為在 IB 盈透證券的真實下單紀錄，期間每個月初，執行放空 SQQQ 或 SOXS 的操作，每次操作時間不超過 3 分鐘。

- 2023 年 7 月 3 日放空 SQQQ 145 股
- 2023 年 8 月 3 日放空 SOXS 287 股
- 2023 年 9 月 1 日放空 SQQQ 130 股

代碼	日期/時間		數量	交易價格	收盤價格	收益
股票						
USD						
SOXS	2023-08-03, 09:36:12		-287	9.48184878	9.2500	2,721.29
SQQQ	2023-07-03, 09:43:18		-145	18.7520	18.7900	2,719.04
SQQQ	2023-09-01, 09:32:52		-130	17.4110	17.7700	2,263.43

以下為 2023 年 9 月至 2024 年 9 月的對帳單，績效達到 65.2%，獲利 17,743.97 美金，折合台幣約 567,776 元。

第 5 章

以小賺大的加密貨幣，我認為是最適合年輕人的金融商品！

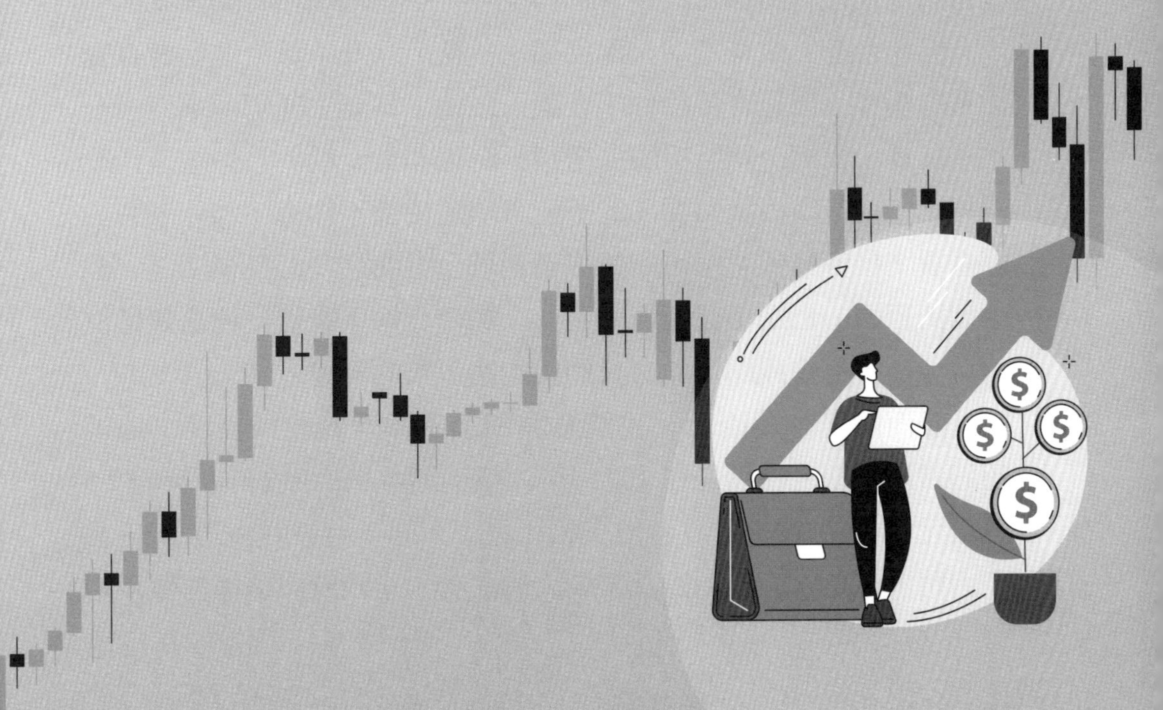

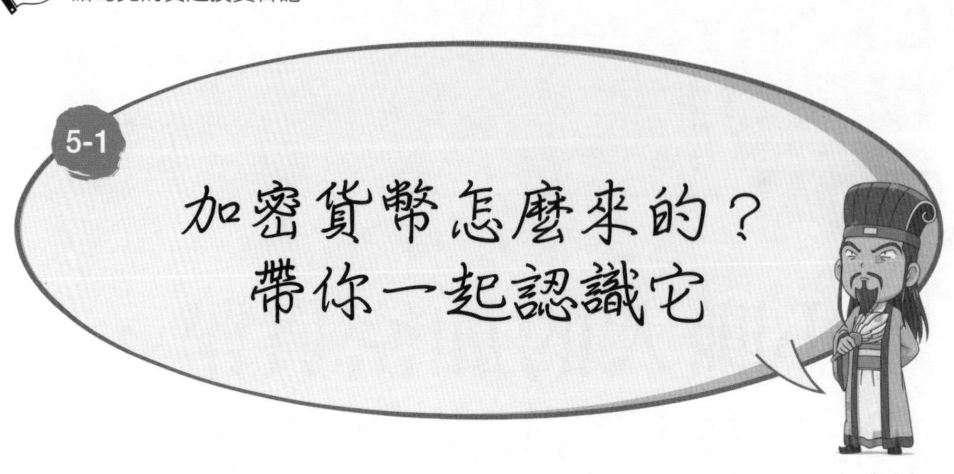

金融投資商品中除了投資人較為熟悉的股票之外，近幾年來新竄起的領域「加密貨幣」也逐漸備受關注。加密貨幣市場的獨特之處，在於沒有漲跌停及收盤時間的限制，只要連得上網路，無論身在台灣還是國外，都可以隨時進行交易，不受地域和時間限制。

但在台灣，跟身邊的人提到加密貨幣，八九不離十他們會直覺你被詐騙了，或是直接勸你不要誤入歧途、不要去碰那種東西……

其實，我們一開始接觸加密貨幣時也非常反感，心想這是什麼碗糕？不就是虛擬貨幣嗎，能不能實際運用都不知道，為什麼有人願意買？投資績效怎麼可能拚得過傳統金融商品？況且早期連一些華爾街巨頭，也毫不保留地表示：「加密貨幣不過是一種毫無價值的垃圾」，這些觀點更加深我們對加密貨幣的疑慮。

然而隨著時間流逝，我們意識到加密貨幣的成長幅度，遠遠超過當初預期。特別是在 2021 年，加密貨幣的總市值首度突破 2.5 兆美元，相當於約 80 兆台幣。相比之下，同年台股的市值為 56 兆多台幣，清楚對比出加密貨幣驚人的漲勢。當政府與機構都難以阻擋其發展趨勢時，我們開始思考是否有另一條路可以選擇，那就是加入加密貨幣市場，與其一同成長。

於是，我們從原本的極力反對，轉變心態後重新認識，並深入研究加密貨幣的本質，領悟到它所具備的獨特價值和市場地位。

這段經歷讓我們明白，在投資領域中保持開放的心態至關重要。持續關注和學習新知識，是維持這種開放態度的關鍵，只有這樣，才能更靈活應對市場變化，並掌握未來的每一波趨勢。

❖ 最適合年輕世代的金融商品

當今台灣社會面臨低薪、高物價、高房價的挑戰。對年輕一代而言，單純只靠辛勤工作和領取薪水，實現買房買車變得非常困難。即便有購屋能力，多數仍須仰賴銀行貸款，生活負擔仍不小，體現出「理想很豐滿，現實很骨感」。

對於想要進入投資領域的年輕人來說，由於能力有限，可能連一張 0050 都無法購買，被迫只能買流動性較差的零股，使財富增值的途徑受到限制。

對於結婚生子的年輕家庭來說，生活開支迅速攀升，儲蓄和投資變得更加困難。面對房貸車貸和家庭支出，必須保持穩定的現金流，即使工作感到巨大壓力，也難以馬上辭職。

雖然深知投資理財的重要性，許多長輩們推崇房地產和股票，實際上年輕一代面臨資金有限、房價高漲、股市進入門檻高等現實的障礙，使社會階層的提升變得艱難，生活往往陷入原地踏步，甚至變得更加糟糕。

就算存錢做投資理財，找到還不錯的標的或策略，但如果投資本金不多，最終還是無法扭轉人生，達成提前退休、財務自由的終極目標。

上述這些社會的挑戰都不容忽視，難道就要這樣放棄投資理財了嗎？當然不是！投資交易是一場不斷變革的冒險，既然傳統的股票、房地產等投資方式大部分的年輕世代不適用，那就去找尋更符合當前趨勢和需求的投資機會：例如投資本金不用太多，即使全部輸光也不會影響生活，卻有機會得到高額報酬，進而讓人生翻身的金融商品。

在持續研究交易與投資市場十年的經驗下，我們發現加密貨幣是目前最適合年輕世代投資人的金融商品，為什麼會這樣說呢？

首先簡要回顧加密貨幣的龍頭「比特幣」，當各位對加密貨幣的興起和演進有更深刻的了解後，就能理解「加密貨幣是目前最適合年輕世代投資人的金融商品」這句話的意涵。

❖ 加密貨幣發展重要歷程

以下部分內容參考自傑夫・約翰・羅伯茲（Jeff John Roberts）所著的《加密貨幣之王》，非常推薦完整閱讀這本書。

1. 金融海嘯下比特幣崛起

2008 年次貸危機引發金融海嘯，美國第四大投資銀行雷曼兄弟應聲倒閉，許多公司的財務狀況急轉直下，經濟衰退、失業率大增，使許多人的存款一夕蒸發甚至無家可歸。

這時開始有人發現，政府與金融機構沒做好本業，但後果是由全體人民承擔。而且把錢放在銀行根本沒有保障，政府後續補救經濟的方法就是狂印鈔票，導致通膨加劇、生活更加困苦。

在這樣的背景下喚起一群人的革命意識，思考真的有需要一個中心化組織來控管金錢嗎？難道不能將管控權還給人民，在發行前就先訂好貨幣的數量，由人民自行記帳與傳遞金錢的價值嗎？

當全世界仍受到次貸危機的陰影籠罩時，2008 年 10 月底一位化名為中本聰的人公開發表了「比特幣白皮書」。白皮書寫到，將運用密碼學與區塊鏈等複雜的技術，創建出一種不分國家的數位資產「比特幣」，且規定總供應量僅有 2 千 1 百萬顆，無法由任何人任意更改數量。

此外，當有人進行支付、購物或轉帳時，無需仰賴銀行的記錄，只需要一台能夠連上網路的裝置，全世界的人皆能共同記錄錢的流向，這些特性使比特幣成為限量且由人民自主管理的數位貨幣。

2010 年 5 月 22 日，美國佛羅里達州一位男子，用 1 萬顆比特幣（當時價值約為 41 美元）買了 2 個披薩。這是第一筆在現實世界中，將比特幣視為交易媒介的案例，這一天也被視為比特幣披薩日（Bitcoin Pizza Day）。

2012 年，目前全世界第二大與全美國最大的加密貨幣交易所 Coinbase 成立，主打的口號是「Coinbase，進入比特幣世界最簡單的方法」。當年年底一顆比特幣價格 10 多美元，與 2010 年 5 月買披薩的 0.0041 美元相比，翻了超過 2 千倍。

2. 美國政府與金融機構極力反對

貨幣發行權一向是由政府與央行管控，仔細思考一下，就會意識到，政府怎麼會容許一個名不見經傳的泛泛之輩來奪權呢？此外，掌管全世界大部分財務的華爾街機構，怎麼會讓他們無法控制的數位資產來瓜分財富呢？

因此當時各大銀行與華爾街，拒絕與加密貨幣相關公司往來。美國聯邦調查局、國稅局等開始調查 Coinbase，甚至想盡辦法消滅比特幣。根據《加密貨幣之王》寫道，有一位名叫凱蒂・霍恩（Katie Haun）的 FBI 調查員，在沒聽過比特幣的情況下，就被賦予起訴比特幣的任務。

既然要起訴比特幣這個敵人，凱蒂・霍恩開始認真研究起比特幣，她以為可以找到方法讓比特幣消失。但隨著越來越多資料被挖出來，凱蒂・霍恩才明白一件事——除非把全世界的網路都封鎖，才有辦法阻擋比特幣。

但封鎖全世界網路，這簡直是天方夜譚。她還表示：「我覺得被調查的加密貨幣相關公司比較像新創企業，而不是搞犯罪事業的人，非法的人不會歡迎你們去他們的辦公室坐坐」。

雖然當時政府、銀行、華爾街還不太能接受加密貨幣這麼新的概念，但比特幣依然悄悄地從 2013 年底大漲超過 700 美元。

3. 加密貨幣被視為財產

2014 年美國國稅局發布通知，解釋虛擬貨幣（包含數位貨幣及加密貨幣）根據聯邦所得稅目的視為財產，而不是貨幣。2016 年當初調查比特幣的 FBI 調查員凱蒂・霍恩，因為對比特幣研究深入，在史丹佛大學開設加密貨幣課程。而最討厭比特幣、希望比特幣消失的美國政府，在調查比特幣逃漏稅與犯法行為的過程中，成為比特幣的一大持有者。

隨後全世界最大的衍生性金融產品交易所——芝商所，也開始尋求與加密貨幣公司合作，2017 年 12 月推出比特幣期貨。之後比特幣價格水漲船高，漲破 14,000 美元。2019 年全球排名前 50 的大學中，至少 56% 的學校開設加密貨幣相關課程。

4. 比特幣衝破 6 萬美元

2021 年比特幣來到歷史高點，突破 6 萬美元。當時 FOMO 情緒旺盛（FOMO 是 Fear of Missing Out 的簡稱，指錯失恐懼症），許多投資人深怕沒有跟到漲幅，在沒有對加密貨幣做任何研究，甚至連比特幣是什麼都沒聽過的情況下，紛紛在高點入場，希望一夕致富。

5. 全球第二大交易所倒閉

延續 2021 年的高點，原以為比特幣 2022 年會再開出紅盤，結果 2022 年 5 月，加密貨幣市值前 10 大的 Terra（LUNA）幣與 UST 幣歸零事件發生，直接蒸發掉約 400 億美元與 186 億美元的市值。同年 11 月，全球第 2 大加密貨幣交易所 FTX 宣布破產倒閉，投資者損失數十億美元。

2022 年 11 月比特幣暴跌至 17,000 多美元，跌幅相較前一年的高峰，下跌了 70% 以上，這時候唱衰加密貨幣的人又出來發言。

但其實暴跌的主要原因，與加密貨幣的基本面無直接關係，

Terra（LUNA）幣與 UST 幣歸零，是因為維繫幣種價值穩定的機制有缺陷；FTX 倒閉則是內部財務管理有疏漏，管理階層未經客戶同意擅自挪用客戶資金進行其他用途等。比特幣的區塊鏈技術完全沒有受到影響，還是持續地運作。

此時加密貨幣比起過往被美國政府打壓、FBI 調查、華爾街看衰，其走勢只是暫時反應市場的負面消息。

6. 美國比特幣現貨 ETF 正式出爐

2023年，比特幣的價格從上一年的低點緩步上升。2024 年 1 月 10 日，美國證券交易委員會（SEC）正式宣布，批准 11 家機構申請的比特幣現貨 ETF（注）上市與交易。

第一天比特幣現貨 ETF 的交易量就突破 46 億美元，一般民眾終於可以透過購買 ETF 參與比特幣的發展。同一時間，數據追蹤平台 Arkham 的數據指出，美國政府持有超過 21.3 萬顆比特幣，市價超越 100 億美元。

在美國，比特幣現貨 ETF 通過，是加密貨幣發展中的一個重要里程碑，將加密貨幣從非主流金融商品帶入主流交易市場。隨著時間的推移，比特幣一次次地證明其價值，印證了「良好的資產終究會被留存下來」。截至 2024 年 8 月 17 日為止，比特幣的價格近 60,000 美元（圖 5-1）。

注：現貨是指投資者直接購買和持有實際物品或資產，而非衍生工具（例如期貨或選擇權）。這種投資方式涉及資產的交付和實際持有，例如股票、債券與比特幣。

加密貨幣的發展歷程介紹到這邊告一段落，相信各位都有領悟到加密貨幣的跌宕起伏非常精采。在加密貨幣的投資圈，簡稱幣圈的社群裡流傳著一句話：「幣圈一天，人間十年」。形容加密貨幣市場相較於傳統金融商品的百年歷史，屬於非常年輕的市場，價格波動非常大，百年歷史發生的大事件，幣圈不到 20 年的歷史就發生了。

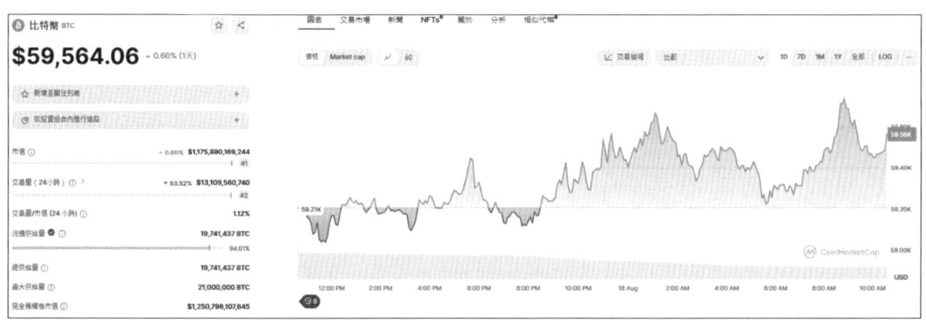

▲ 圖 5-1　比特幣走勢圖
（資料來源：CoinMarketCap）

正因為加密貨幣目前仍處於快速發展當中，其高波動性意味著存在潛在的高獲利機會。因此投資人才能夠透過小額的投資本金，創造出可能足以扭轉人生命運的財富。相比之下，將資產放到銀行賺取的利息，不及通膨增長速度，雖然活存與定存波動性極低，但實際上所持有的現金，卻一直在損失價值。

因此，我們不應排斥高波動性，而是應該在選擇高波動性的投資產品時，優先做好資金管理和風險管理。且不要以賭博的心態去操作，用全部身家去跟市場拚搏，畢竟這樣的操作方式，無論投資什麼下場都會很慘。

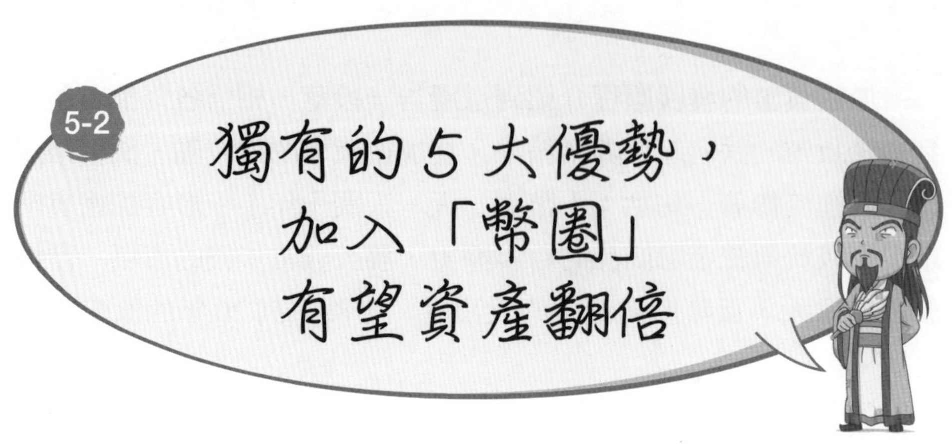

加密貨幣有一些不同於傳統金融商品的特性，正因為這些特性，讓越來越多投資者進入加密貨幣的市場，以下介紹給各位。

1. 投資門檻低

投資門檻極低，不需要準備龐大的資金，1,000 台幣就可以開始投資加密貨幣，對投資本金較少的小資族群非常友善。

2. 無漲跌幅限制

從加密貨幣的發展歷程就可得知，加密貨幣市場完全沒有漲跌幅限制，漲跌幅一天超過 50% 非常常見，24 小時內資產翻倍或歸零都有可能，潛在報酬與風險皆較高。

3. 無收盤時間

加密貨幣一週 7 天、一天 24 小時都可以進行交易，白天、中午、晚上、凌晨、平日、假日不限，時間非常彈性。

4. 不分國界的金融商品

屬於不分國界的金融商品，只要電子裝置連的上網路，無論身在何處，隨時隨地都可以用電腦、手機、平板等進行交易。

5. 開戶輕鬆

加密貨幣屬於數位資產的一環，交易所的帳戶開立，一律線上申請、線上完成身分認證。審核速度非常快，有可能不到一個小時就開戶完成，馬上就可以進場交易。

經由以上說明，相信各位都能了解為何會說加密貨幣是最適合年輕世代的金融商品。少少的投資本金就可以進場交易，且因為波動較大，才有機會將小額的投資本金翻倍再翻倍，讓年輕世代看到未來的希望

而在傳統金融商品中，例如長期持有股票，15% 的年化報酬率就被視為相當高的水準，連股神巴菲特的年化報酬率也僅為 20%，以下用表格呈現股票與比特幣的報酬比較。

由表 5-1 得知，如果投資本金為 10 萬，設定長期持有股票的年化報酬率，與股神巴菲特一樣約為 20%，則 20 年複利的結果約 380 萬。而比特幣 2014 年 1 月 1 日的收盤價為 754 美元，到 2024 年 1 月 1 日的收盤價為上漲至 44,187 美元，年化報酬率高達約 50%。

以較保守的 40% 年化報酬計算，投資本金一樣為 10 萬的情況下，20 年複利的結果為 8 千多萬。而對於投資本金雄厚的人來說，以投資本金 1 千萬計算，年化報酬率 20% 與 40% 的情況下，20 年複利的結果分別為 3.8 億多與 83 億多。

同樣是長期持有股票與比特幣，20 年複利的結果比較後，資金成長幅度相差居然超過 20 倍。

表 5-1 股票與比特幣報酬比較

	初始投資本金（元）	複利時間	年化報酬	最終資金（元）	股票比特幣相差倍數
股票	10 萬	20年	20%	3,833,760	21.82
比特幣			40%	83,668,255	
股票	1 千萬	20年	20%	383,376,000	
比特幣			40%	8,366,825,543	

上表清楚呈現了加密貨幣的強大威力，即便你懷有偏見或反感，甚至不願投資，都一定要花些時間深入研究。

根據美國財經新聞頻道 CNBC 的「百萬富翁調查」，顯示美國約有 80% 的千禧世代百萬富翁，表示有投資加密貨幣。這印證了加密貨幣改變人生命運的實力，美國的千禧世代做得到，憑什麼我們做不到呢？

以上花了一些篇幅介紹加密貨幣，期望各位可以更了解這項新興金融商品。如果我們無法打敗它，不如就加入它，如同阿里巴巴與淘寶網的創辦人馬雲所說的：「成功者先相信後看見，普通人先看見後相信，失敗者看見了都不信。」

關於複利的計算，各位可以至以下的「複利＋年化報酬率＋投資報酬率計算機」網站，依照需求自行輸入初始投資本金、投資期間、年化報酬率等參數，就可以輕鬆得出複利下的最終資金，非常推薦各位使用。

https://wisehomemaker.com/annualized-rate-of-return-calculator/

5-3 把錢放進合法交易所相對安全，投資人不用擔心

台灣目前還沒有對散戶開放購買比特幣現貨ETF，想要在台灣合法合規地交易加密貨幣，最容易且相對安全的方式，為開立中心化交易所（CEX）。

因為在特定機構、組織經營的交易所進行交易，比起比特幣現貨ETF，能更直接持有比特幣，享有比特幣帶來的漲跌幅，還不用被扣除ETF基金的經理費與管理費等。

為何要特別強調中心化交易所（CEX）呢？因為幣圈的世界還有去中心化交易所（DEX），後者沒有特定的組織、機構經營管理，所有交易服務都由程式碼來執行，屬於較進階的加密貨幣交易方式。這部分本章節不作介紹，有興趣的讀者可以自行搜尋相關資料。

加密貨幣中心化交易所的性質，就如同台灣的元大證券、群益證券、凱基證券等，只不過以上這些券商交易的標的為證券股票，規模大小不盡不同。而加密貨幣中心化交易所，交易標的為加密貨幣，且依照不同交易所的交易量與用戶數，也有提供排名。

基於安全及流動性的考量，建議各位使用排名較高的交易所，其他的暫時不予考慮，因為詐騙和倒閉的風險較高。本書推薦可以使用目前全世界流通性與交易量最大的加密貨幣交易所幣安（Binance），以及位居台灣前 3 大的加密貨幣交易所之一的 MAX。

幣安截至 2024 年 1 月為止，24 小時現貨的交易量超過 225 億美元，可交易的幣種數量超過 300 種。MAX 在 2023 年 3 月與永豐金證券簽約，啟動 IPO 上市計畫。這兩家交易所都有經過加密貨幣市場牛市與熊市的測試，屹立不搖地經營中，相對安全。

如果想要查詢交易所的排名，可以上 CoinMarketCap 網站查詢。該網站不僅提供交易所排名，還有加密貨幣價格走勢和介紹等豐富資訊，各位可以多加利用。

https://coinmarketcap.com/zh-tw/rankings/exchanges/

1. 以市值排名前 10 大的加密貨幣為主

加密貨幣市場目前還屬於新興板塊，價錢波動大，也就是漲跌幅都會比較高。新手若要長期持有或定期定額加密貨幣，建議可以先從市值排名前 10 大的幣種開始投資，以降低發行商捲款走人或詐騙的風險。

關於加密貨幣的市值，一樣可以從前文介紹的 CoinMarketCap 查詢。網站裡面完整介紹每一個幣種的市值排名、目前價格、近期的漲跌幅、24 小時交易量與幣種的供給量等。

2. 投資組合中一定要持有比特幣

在所有的加密貨幣投資組合中，建議一定要持有比特幣。因為比特幣是史上第一個加密貨幣，歷史最悠久，它還有總供應量 2 千 1 百萬顆的限制。根據供需法則，供給量限制，就有機會對價格產生正面影響。

綜觀加密貨幣的價格走勢，當加密貨幣市場即將進入多頭時，比特幣會領漲，之後其他幣種才會跟著起漲。雖然比特幣的漲幅可能不及其他幣別，但是在市場進入空頭時，比特幣相對抗跌的程度也會比較高，保值性較強！

3. 投資心態建立好再進場

由於加密貨幣的高波動性，心態一定要先建立好再進場，否則很容易因為漲跌幅波動較大，生活過得膽戰心驚，反而失去投資最重要的目的「讓生活品質越來越好」。

關於投資心態，可以翻閱本書最後的附錄一「諸葛亮的獨門十大交易心法」，其中詳述投資前該培養與謹記的投資心態。

4. 新手先不要碰合約交易

除了購買現貨外，加密貨幣市場還有一個非常盛行的交易模式，就是合約交易。合約交易與期貨操作有些類似，但在一些交易所中，槓桿可以放大到超過 100 倍。

這看似很好賺，因為市場價格漲 1%，你的收益率就達 100%。但相對地，操作方向一旦與市場的走勢不符，投資的本金全部上繳給交易所，完全拿不回來，連翻盤的機會都沒有。

因此如果你是投資新手，建議還是先以投資現貨為主。等到對市場的操作、走勢與熟悉度都進一步提升後，再來考慮碰合約交易。即便你看到有很多人因為做合約交易有很漂亮的績效，那也很有可能是他們只給你看有獲利的對帳單，賠錢的一律隱藏。

當你衝動之下想進場靠槓桿翻身時，建議去運動耗費一下體力，轉移注意力後，再回頭來做投資決策！

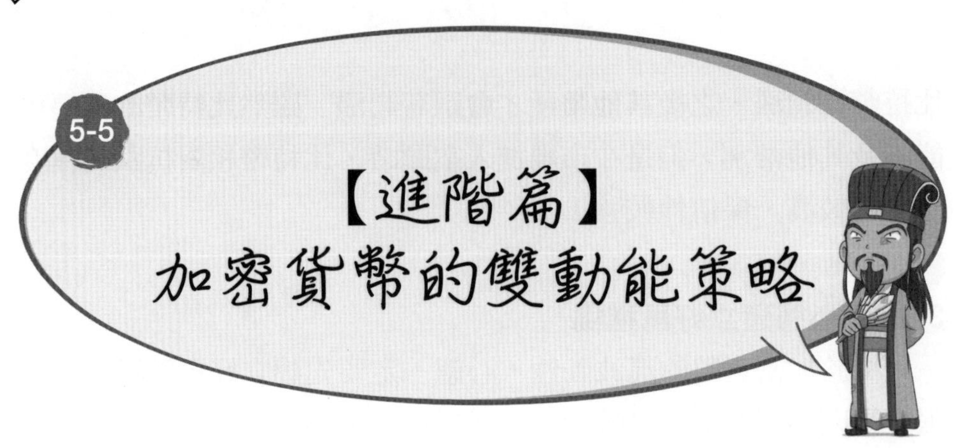

加密貨幣投資策略中，除了一般的買進長期持有和定期定額投資，我們透過深入研究和洞察，提出本節要介紹的加密貨幣雙動能策略。藉由關注加密貨幣市場的動能，採用現貨交易的方式進行操作，提供不同的投資視角。

❖ 著名的雙動能策略是什麼？

雙動能策略的概念，源自於著名的牛頓第一運動定律，俗稱「慣性定律」。慣性不僅適用於物體運動，同時也可以應用在投資市場上。在投資市場中，運用慣性定律發展的交易模式稱作「動能交易」。

藉由投資術語，表達動能相關論述的第一位知名人士，應該為英國古典經濟學家大衛・李嘉圖（David Ricardo）。根據現今的幣值換算，他在 42 歲時，已經累積超過 6 千萬美元的財富，他的成功案例是動能交易的早期典範。

動能投資的概念，在於投資標的走勢的慣性。績效良好的投資，在未來一段時間內，會持續優異的表現；績效較差的投資，則可能持續呈現不佳的表現。簡單來說，就是「強者恆強，弱者恆弱」。動能交易的歷史至今已經有超過 180 年的歷史，並且在當前投資市場仍然具有適用性。

❖ 動能交易至今仍有效

動能交易持續有效的主要原因，來自於人類的行為偏差。追高殺低是一個明顯的例子：當投資人看到某支股票不斷創新高，周遭的人都在賺錢時，內心開始產生波動，想要趕上上漲行情，便急著進場而不作任何研究，這種群體效應使股價被哄抬得更高。

然而，當股價開始下跌時，受過度自信效果的影響，投資人認為自己的判斷不會錯，相信股票會再回到前高，甚至再創新高，因此不僅不急著出場，還任意加碼攤平，跌越多、加碼越多。等到過了一陣子股價仍持續下跌，當投資人無法忍受損失時，最終被迫認賠殺出，將股價再度壓低。這樣的情境反覆發生，使動能交易能夠不斷從市場中獲利。

認賠殺出後，再回頭問這些人當初怎麼會進場，且採取不停損的策略。他們可能會說：「身邊的人都在投，我只是跟著他們而已」、「我對自己很有信心」等等。

由此可知，人類在投資決策中的心理偏差，特別是在追高和過度自信方面，讓動能交易能夠有效捕捉市場的行為模式，從而獲得源源不絕的獲利。

美國知名資產管理人馬丁·茲威格（Martin Zweig）曾經說過：「我非常強調順勢而為的重要性，要和市場同調，不要和主波動對作，和趨勢作對就會招致災難」，強調了在動能交易中順勢而為的重要性。

因此投資交易時要與市場趨勢保持一致，而不是與之對抗。也就是相信市場動能「買強賣弱」，買進表現強勢的資產，賣出表現弱勢的資產。這種主動追求強勢的取向，是動能交易成功的一個關鍵因素，簡單又有效的操作，就可以產生意想不到的報酬。

動能交易幾乎可以應用在所有的投資標的，其中最常被討論到的就是股票。

擁有30年以上投資經驗，以及因提出雙動能投資策略而聞名的蓋瑞·安東納奇（Gary Antonacci），在其著作《雙動能投資》中，運用相對動能與絕對動能的順勢操作概念，設計了一套名為「全球股票動能的投資策略」。這個策略創造的長期投資報酬，是過去40年全球股市報酬的兩倍，甚至成功避開空頭市場的損失，使動能的概念更廣為人知。

蓋瑞·安東納奇的貢獻凸顯了動能交易的實際應用，特別是在全球股票市場中，不僅強調市場趨勢追蹤的重要性，同時也巧妙結合相對動能和絕對動能，形成更具穩健性和效益的投資策略。這為投資者提供一種在不同市場環境下，取得穩定報酬的方法。

既然動能交易至今仍然有效，我們不禁思考除了股票外，是否還適用於其他的投資工具呢？

出於驗證的精神，決定將動能交易的概念應用在不同投資標的上，並進行電腦模擬測試比較它們的表現，以找出最強標的來加以研究。令人驚訝的是，測試結果顯示除了股票外，加密貨幣居然是表現最為驚人的標的之一。

❖ 應用於加密貨幣的成功關鍵

相對於股票，加密貨幣的波動性更大，沒有漲跌幅限制且種類繁多。當價格開始上漲時，其漲勢都非常兇猛，一天內超過 20% 的漲幅相當普遍。相對地，跌幅同樣也可能非常快速。

因此，將動能交易的順勢操作概念應用在加密貨幣市場時，關鍵在於制定一套明確且靈活的停損機制，將損失成功控制住，不要對獲利做設限。就像華爾街流傳的一句古老格言：「Cut your losses and let your profits run.」截斷虧損，讓利潤奔跑。

加密貨幣是較新興的投資市場，因此在研發策略時，考量流通性、市值以及安全性等因素，主要挑選市值前幾大的加密貨幣作為投資標的。此外，納入以法幣美元抵押的美元穩定幣 USDT，其價值與美元 1 比 1 掛鉤，作為停損機制，有助於在市場劇烈波動時保護投資本金，有效地管理風險。

雙動能策略套用在加密貨幣的條件為：只持有漲幅最強勢的加密貨幣。這正是動能交易的典型應用，即強者恆強。當市場處於跌勢時，策略轉換至持有美元穩定幣，讓資金相對安全，實踐靜者恆靜的原則，等待下一波的漲勢再進場。

透過這樣的操作，不僅能夠追求漲幅最大的標的，同時在市場下跌時保持資金相對安全，達到動態調配資產的效果。

❖ 加密貨幣雙動能策略邏輯

台灣時間每天晚上9點，依照當下的價格檢查以下條件，決定當天要持有的幣別：

1. 針對比特幣（BTC）、以太幣（ETH）、幣安幣（BNB）三種幣，只持有過去20天漲幅最大、且漲幅大於0的強勢幣。

2. 當持有的強勢幣漲幅低於0後，低於3日均線才允許出場，並且持有美元穩定幣USDT，否則繼續持有。

建議準備資金

建議最少準備500美金，約台幣16,000元。

加密貨幣雙動能策略，是本書所介紹的策略中，最經濟實惠的一種，這個策略允許投資者以較小的資金參與市場。對於小資族而言，是一個相對容易進入的門檻，為年輕人提供了一個以較少資金改變人生階層的機會。

如果一開始投資500美金，即便試錯了，最多也只會虧損這500美金。而一旦試對了，未來的潛力則是無可限量的，這在傳統投資標的如股票、基金和房地產等領域都難以實現。一切皆有可能，取決於個人是否願意敞開心扉，去接受和相信這樣的機會！

淨值曲線&詳細資訊

由以下電腦模擬測試的淨值曲線及詳細資訊表可以看到，加密貨幣雙動能策略的交易期間為2017年11月至2024年1月，策略的交易標的為BTC、ETH、BNB、USDT，初始資金台幣10萬，

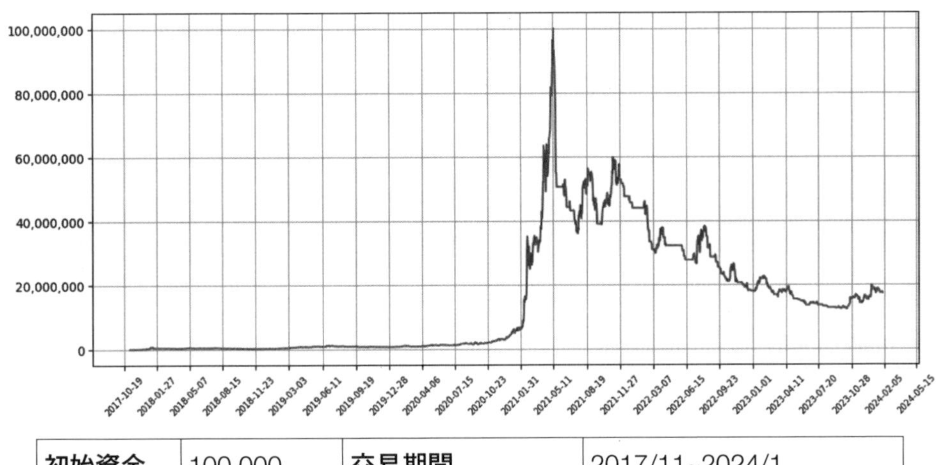

初始資金	100,000	交易期間	2017/11~2024/1
最終資金	17,274,651	交易標的	BTC、ETH、BNB、USDT
獲利倍數	172.75	最大下跌起始時間	2021/5/12
年化報酬	130.48%	最大下跌程度	87.65%

最終資金約台幣 1,727 萬，獲利倍數 172 倍，年化報酬 130.48%。最大下跌起始於 2021 年 5 月 12 日，下跌程度為 87.65%。

由此可知動能交易用在加密貨幣的表現，可以說是驚為天人，再次確認了動能交易的有效性。順著趨勢操作，買進價格永遠不嫌高，賣出價格永遠不嫌低。而策略不是越複雜越好，加密貨幣的高波動性確實能夠創造出巨大的報酬，但也可以讓報酬在一夕之間蒸發，因此一定要做好防守機制，有效控制損失。

當一切的準備工作都完成後，接著就是堅持按照最初設定的條件執行，才能持續在市場上生存，並獲得相應的利潤！

重點整理

跟著諸葛亮操作：加密貨幣雙動能策略

投資心法

「強者恆強，弱者恆弱」，動能交易的歷史至今已經超過180年，並且在當前的投資市場仍然具有適用性。持續有效的主要原因來自於人類的行為偏差，追高殺低就是一個明顯的例子。

動能交易不僅在股票交易中有效，在加密貨幣市場中的表現也非常亮眼。相對於股票，加密貨幣的波動性更大，沒有漲跌幅限制，且種類更加繁多。當價格開始上漲時，其漲勢通常非常兇猛。因此只要制定一套明確且靈活的停損機制，不對獲利設限，市場處於牛市時績效可能會非常驚人。

操作步驟

1. 台灣時間每天晚上9點依照當下的價格檢查以下條件，決定當天要持有的幣別：

⑴ 針對比特幣（BTC）、以太幣（ETH）、幣安幣（BNB）三種幣，只持有過去20天漲幅最大、且漲幅大於0的強勢幣。

⑵ 當持有的強勢幣漲幅低於0後，低於3日均線才允許出場，並且持有美元穩定幣USDT，否則繼續持有。

2. 建議最少準備500美金，約台幣16,000元。

加密貨幣價格走勢查詢

建議可以至 CoinMarketCap 網站查詢加密貨幣的價格走勢，或幣安交易所提供的 Binance Data Collection。這些網站提供非常豐富的資訊，對投資者非常有幫助。

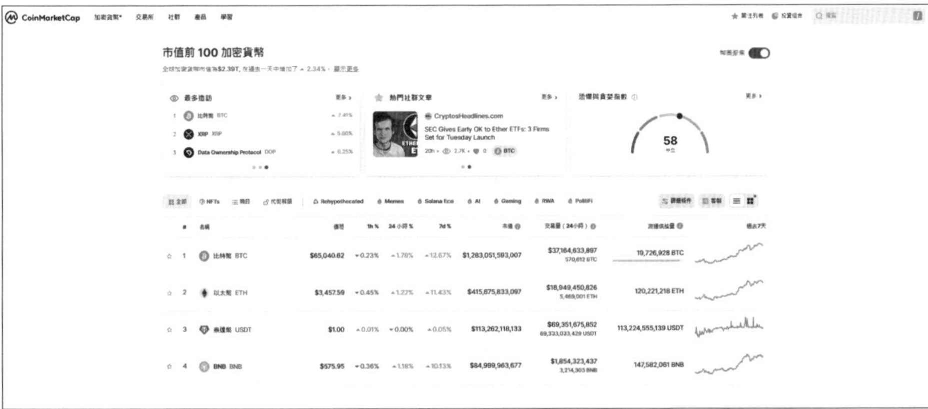

▲ CoinMarketCap 網站畫面

BINANCE Market Data

Home / data /

Item	Size	Last Modified
futures/		
option/		
spot/		

▲ Binance Data Collection 網站畫面

第 6 章

用期貨的價差操作，我不盯盤也能長期獲利 100%！

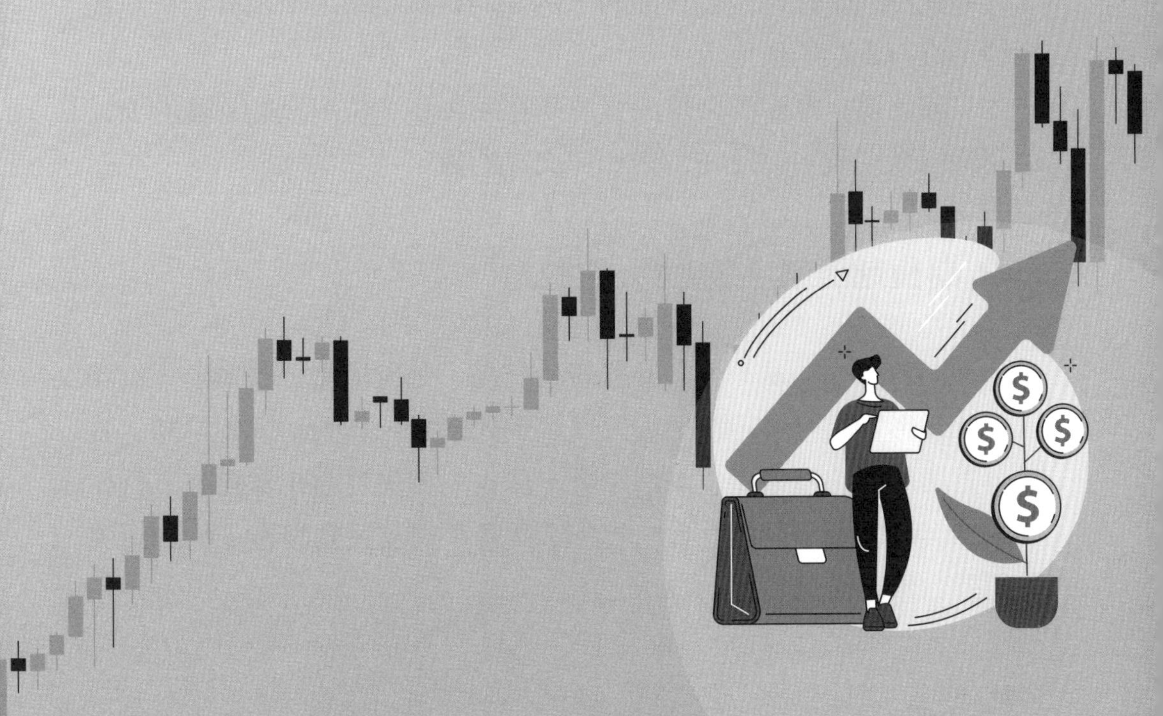

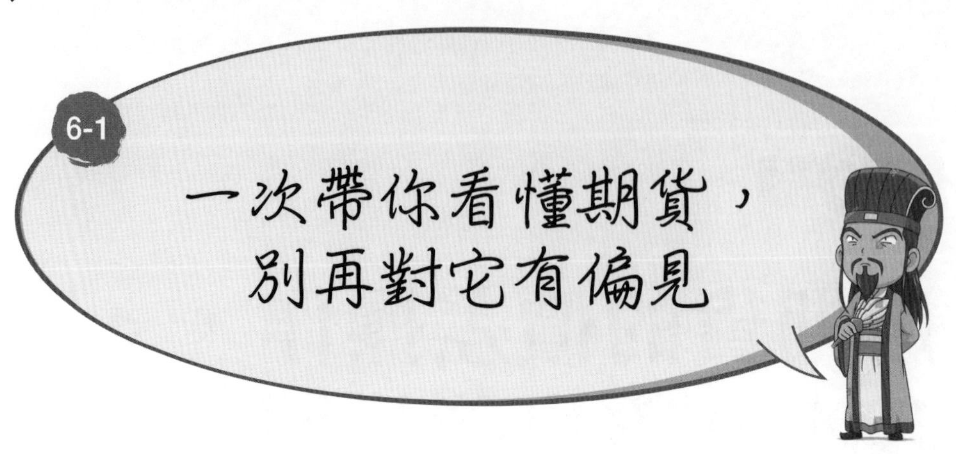

根據台灣證交所的統計表顯示，截至 2024 年 5 月為止，台灣有超過 1 千 2 百萬的股民。因此對於股票的操作與習性會較熟悉，期貨相對而言比較陌生，很多人不理解遊戲規則是什麼，甚至聽到有關期貨的言論都是偏負面的。例如期貨風險很大、很容易一直補錢、沒有實際的價值等。

因此這一章節要來幫期貨洗刷冤屈，讓各位用淺顯易懂的方式認識何謂期貨，以及在台灣如何交易期貨。

❖ 期貨起源於「避險」的概念

期貨（Futures）源自於農產品交易。眾所周知，農業是一個深受氣候影響的行業，當出現天災，例如颱風、豪大雨或乾旱時，就會對農產品的價格產生劇烈影響，農夫的損失也會相當慘重。例如 2023 年 10 月的小犬颱風，全台灣農業產物及民間設施，估計損失超過台幣 5 億元。

相對地，良好的天氣會帶來豐收，使農產品價格大幅下跌。例如 2023 年 12 月台灣的高麗菜栽種量達警戒值，供過於求使菜價狂跌，果菜批發市場的交易均價，最低掉到每公斤 8 元。

上述價格的急遽波動，使買方（農產品批發市場）與賣方（農夫）都面臨巨大風險。

為了控制價格波動帶來的風險，希望未來無論發生什麼事，賣方的收入與買方的支出都是穩定的。於是雙方制定合約，事先規定在未來的某一個時間點，可以用約定好的價格，進行一定數量的農作物交易。

經由期貨合約的制定，農夫不用時時刻刻擔心農作物價格下跌；同時，批發市場與商人們也無需擔心農作物歉收，價格劇烈上漲導致成本上升，或是難以獲得足夠的數量。買賣雙方透過合約的簽訂，確保彼此的權益，不僅為市場提供穩定性，也促成市場的活絡。

這使得期貨市場最初的功能，即「避險」得以實現，滿足了人們對未來確定性的需求。例如農夫購買高麗菜的期貨合約，約定一個月後以每公斤 12 元的價格履約。因此如果一個月後高麗菜跌到每公斤 8 元，農夫依然可以用 12 元賣出高麗菜，免除了跌價的風險。

而如果一個月後高麗菜漲到每公斤 15 元，農夫的情緒也不會因此波動，甚至很樂意與賣方交易，因為虧損的 3 元是購買未來價格確定性的代價，與買保險的意思相近。

因此期貨交易不是賭博，而是重新分配了原本不可避免的風險。英文「Future」的意思是未來；而期貨的英文為「Futures」，直接彰顯了期貨的特性，表示未來契約的意涵。

為了讓合約能夠在市場上更方便地被流通與轉讓，標準化契約的概念由此誕生。市場開始針對這類型的合約制定標準，交易數量、履約日期、保證金制度等，都要按照一定的格式來制定。

同時為了在合約到期時，確保買賣雙方皆能履約、讓更多參與者可以擁有參與市場的機會，公正第三方的交易所因此誕生。交易所讓合約的結算更加公正，且合約的價格也交由市場的供需決定，價格變得非常透明。

1848 年，芝加哥穀物交易商正式成立了芝加哥期貨交易所（CBOT）。CBOT 成為歷史上第一家專門進行期貨交易的交易所，並採行保證金制度，開始發行標準化的期貨合約，現代的期貨交易市場就此展開。

從此以後，期貨市場在全球市場不斷擴大與演變，其他主要的期貨交易所也相繼成立，包括芝加哥商品交易所（CME）、紐約商品期貨交易所（NYMEX）等，讓期貨成為全球金融體系的重要組成部分。

❖ 期貨的 4 大特性

交易期貨前把特性掌握好，是非常重要的事，做投資決策時才不會誤觸地雷。

1. 在合約到期時進行結算

期貨是規定在未來某段時間針對某項商品，買賣雙方依照約定相互交付貨物與貨款，這樣的行為在期貨的術語，俗稱「交割」。

為了讓交割可以順利進行，在期貨市場制定了結算機制。

結算機制指的是當合約到期，也就是合約的交割日或結算日到來時，不論當下價格為何，都要按照現貨市場上的「結算價」結算。之後買賣雙方所有合約將被終止，如果要續約，則需要重新締結新的合約。

這個特性至關重要，跟股票非常不同。股票只要不下市，可以長期持有 1 年、2 年甚至是 10 年都沒有問題。但是期貨不同，無法一直持有，交割時間一到就必須履約！

常見的期貨交割的時間是以月來計算，有一個月後履約、兩個月後履約、三個月後履約的契約。離交割日期較近的期貨合約，稱為近月期貨；相反地，遠月期貨指離交割日期較遠的合約，是幾個月後或更長的時間範圍。

2. 可使用槓桿操作

期貨交易採取保證金模式交易，也就是投資人只需要準備一部分的資金當作契約保證金，就可以參與契約規模較大的商品交易。

例如在台灣交易量最大的期貨為台股期貨，也就是台指期，俗稱大台。大台的合約規格為「台指期指數×台幣 200 元」，2024 年 10 月 11 日近月台指期的收盤價 22911，合約規格為「22911×台幣 200元」，也就是 4,582,200 元。

首次交易台指期的人，截至 2024 年 10 月 11 日，根據台灣期交所公布的資訊，只需在帳戶至少放入保證金 322,000 元，就可以開始交易台指期（詳細的保證金制度會在表 6-2 講解）。這時候的槓桿約 14 倍（4,582,200÷322,000），損益相當於台指期漲跌的 14

倍，當台指期增加或下跌 1% 時，損益就增加或下跌 14%，增加潛在收益之餘，也增加了潛在損失的風險。

操作期貨時，槓桿是關鍵之一，一般人常聽到的期貨風險很大、賠很多錢、帳戶爆倉等問題，基本上都是因為槓桿沒有控制好。投資者可能出於一時貪念和以小博大的心態，開設了過高的槓桿。也就是帳戶的保證金放得太剛好，導致市場上只要有一點風吹草動，帳戶就很容易爆倉。

然而，如果妥善使用槓桿這項工具，它可以讓你在交易中使用更多資金，報酬也可以隨之放大。因此槓桿並不可怕，本章節介紹的期貨策略，將告訴各位一開始交易時，建議放的保證金以及停損機制，幫助你合理使用槓桿，讓它成為你交易的利器。

3. 多空皆可做

做多與做空是金融市場很常見的交易方式，期貨交易具備多空雙向的特性，相較於股票，無需擔心融資餘額不足或融券券源不足的問題。只要有交易員願意與你進行交易配對，當你做多時，對方做空；你做空時，對方做多，這筆交易就可以成交。

因此無論目前市場處於多頭還是空頭行情，期貨交易者都可以靈活操作，交易的彈性度更大，不論市場上漲還是下跌，都有機會賺取報酬。

4. 交易成本低廉

交易時除了要注意策略本身的穩定性和獲利狀況外，交易成本也是一個重要的考慮因素。這些成本包括交易手續費、交易稅以及其他相關費用，都應納入考量。以避免出現策略本身能夠帶來獲利，卻因高昂的交易成本，導致利潤都被扣光，甚至倒賠的情況。

表 6-1 簡單列出在台灣，股票、ETF 與台指期的交易成本，包含手續費、交易稅與內扣費用。

表 6-1 股票、ETF（股票型）與台指期資訊

	股票	ETF（股票型）	台指期
買進手續費	0.1425%	0.1425%	每單位固定金額
賣出手續費	0.1425%	0.1425%	每單位固定金額
買進交易稅	無	無	0.002%
賣出交易稅	0.3%	0.1%	0.002%
內扣費用（經理費、保管費等）	無	有（每個標的不同）	無

可以看出，手續費方面，期貨是每單位固定金額；股票與 ETF（股票型）為成交金額的 0.1425%，也就是說買進賣出的金額越大，券商收取的手續費就越高。賣出交易稅方面，期貨收取 0.002%，勝於股票與 ETF（股票型）的 0.3% 與 0.1%。內扣費用方面，期貨優於會直接從淨值中扣除的 ETF（股票型）。

透過這樣的對比，可以看出期貨的整體交易成本較為低廉，具有明顯優勢。投資人可以善用這個特性，有效節省交易成本，進而提升投資收益。

❖ 台灣期貨的交易方式介紹

期貨交易的前置作業跟股票很類似，也是先選擇一家期貨商開立帳戶，並指定出入金的銀行帳戶。接著期貨商會提供一個專屬的虛擬帳戶，當作期貨保證金專戶。當你從開戶時指定的銀行帳戶匯入保證金到專戶後，就可以在法定的交易時間進行交易。

由此可知，期貨與股票最不一樣的機制為：買進賣出的當下，帳戶是否需要有一定的金額，以進行交易。

台股買賣採取的是先成交，後扣款的機制，在你買進股票且成交的當下，並不會即時在銀行帳戶扣除成交的金額，而是在成交日後的兩個交易日才會進行扣款。賣出股票時，也是在成交日後的兩個交易日，才會收到股款。

期貨買賣採取的是成交後即時扣款或入帳的機制。也就是說交易期貨之前，必須存入一定的金額，到你專屬的期貨保證金專戶。當有足夠的保證金後，才可以進行期貨交易。在交易成交的當下，期貨商就會即時扣款或匯入資金，到期貨保證金專戶，中間完全沒有時間差。

❖ 台指期介紹——交易量&流動性最大

本章節介紹的策略，所使用的期貨商品為台灣期貨市場中，交易量與流動性最大的指數型期貨——台股期貨，也就是台指期。因此僅介紹台指期合約的相關資訊，如果對其他類別的期貨有興趣，可以上期交所網站查詢相關資訊。

表 6-2 為台指期合約重點資訊，詳細說明如下文。

表 6-2 台指期介紹

	大台指	小台指	微型台指
交易標的	台灣證券交易所發行量加權股價指數		
中文簡稱	台股期貨	小型台指期貨	微型台指期貨
英文代碼	TX	MTX	TMF
交易時間	一般交易（日盤）：08:45~13:45 盤後交易（夜盤）：15:00~05:00 到期月份契約最後交易日：8:45~13:30 到期月份契約最後交易日無盤後交易時段		
最後交易日	每個月的第三個星期三		
最後結算日	同最後交易日		
合約價值	台股期貨指數 ×200元	小型台指期貨指數 ×50元	微型台指期貨指數 ×10元
最小跳動單位	指數1點 = 200元	指數1點 = 50元	指數1點＝10元
合約一單位名稱	一口		
交割方式	現金結算		
漲跌幅限制	前一日一般交易時段每日結算價的±10%		
保證金	原始保證金：322,000 維持保證金：247,000 結算保證金：238,000	原始保證金：80,500 維持保證金：61,750 結算保證金：59,500	原始保證金：16,100 維持保證金：12,350 結算保證金：11,900

資料來源：期交所官網（截至 2024/10/11）

1. 大台指、小台指、微型台指

台指期俗稱大台，其最小合約跳動單位為 200 元，對一般散戶來說偏高。因此期交所發行較小合約跳動單位的小型台指，俗稱小台，其合約價值、最小跳動單位與保證金為大台的四分之一，英文代號簡稱 MTX。另有更小合約跳動單位的微型台指，英文代號簡稱 TMF，其合約價值、最小跳動單位與保證金為大台的二十分之一。

期交所會隨著台指期的價格走勢而調整保證金，如果要實際進場交易，可以至期交所官網確認最新的保證金規定。

2. 交易時間

台指期交易標的為台灣加權指數，滿足了無法直接交易指數的需求。台指期的交易時間分為：一般日盤，早上 8:45 至下午 1:45；與盤後夜盤，下午 3 點至隔天凌晨 5 點。

比較特別的是，當持有的台指期當月合約到期，需要進行結算時，結算日當天最後的交易時間為早上 8:45 至下午 1:30，無盤後交易時段。台指期當月合約會在每個月的第三個星期三結算，例如 2024 年 1 月份的合約，會在 2024 年 1 月 17 日星期三的下午 1:30 結算。

在台灣期貨合約的單位為「口」。假設今日台指期從 17000 往上跳動 1 點至 17001 時，一口大台合約的價值會從「17000×200 變為 17001×200」、一口小台合約的價值會從「17000×50 變為 17001×50」以及一口微型台指合約的價值會從「17000×10 變為 17001×10」。

期貨保證金專戶的部分，如果這個時候你是做多一口大台，專戶的金額會馬上增加 200 元；做空一口大台時，專戶的金額則是減少 200 元。

台指期的漲跌幅跟台股相同，就是前一日一般交易時段每日結算價的正負 10%。而保證金分為三種，以下逐一介紹。

3. 保證金

⑴ 原始保證金：交易期貨商品前，須先存入期貨保證金專戶的金額。

⑵ 維持保證金：帳戶持有期貨商品後，期貨保證金專戶需要維持的最低金額。如果金額低於維持保證金時，期貨商會通知投資人補保證金，至原始保證金之水位。

⑶ 結算保證金：期交所為避免期貨商有違約風險，向期貨商收取的保證金。

如表 6-2 說明，交易大台前，期貨保證金專戶至少需有原始保證金 322,000 元，才可以下單委託買賣。當持有台指期的期間，期貨保證金專戶的金額低於維持保證金 247,000 時，期貨商會通知投資人要補錢至原始保證金 322,000 元。

如果沒有在次一交易日中午 12 點前補繳，期貨商就會自動平倉部位，也就是直接結算該部位，平倉的損失要由投資人自行吸收，俗稱「斷頭」。

為了避免斷頭的情形發生，建議不要放剛剛好的保證金在期貨保證金專戶裡，也就是前文所說的要控制好槓桿的操作。

台指期最近一個月的合約俗稱「近月合約」，例如 2024 年 1 月 5 日，近約合約為 2024 年 1 月。在看盤軟體上俗稱「台指近」，台指近僅會顯示日盤的交易資訊。看盤軟體還會有一個「台指近全」的標的，與台指近的差異為，台指近全會顯示台指期日盤與夜盤的交易資訊，如圖 6-1 所示。

商品	成交	漲跌
台指近	17519	-31
台指近全	17476	-42

▲圖 6-1　軟體上的台指期成交價及漲跌資訊
（資料來源：三竹股市）

以上就是台指期的介紹，當詳細了解完台指期的遊戲規則之後，緊接著就是重頭戲，也就是為各位介紹台指期策略！

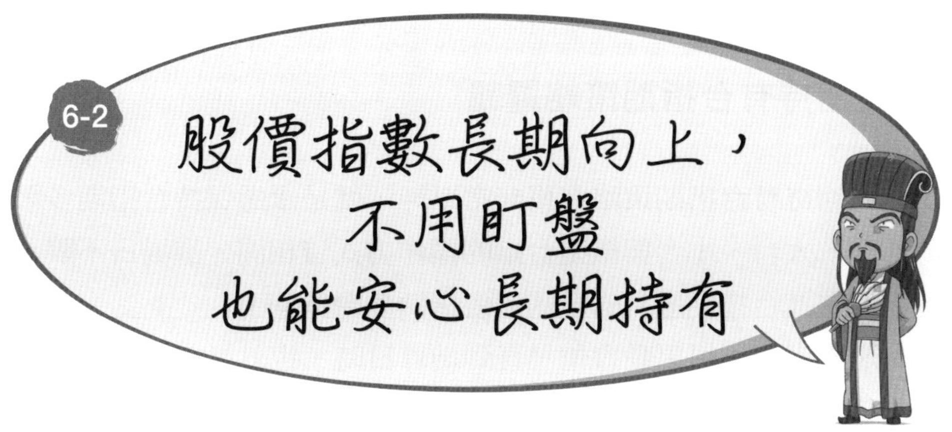

在前面的章節中，提過「股指長期向上」的特性，並詳細說明原因。想要長期投資台灣大盤正向型的商品，獲得與大盤相近的報酬，最簡單的方式除了購買大盤正向型 ETF 的 0050（元大台灣 50）、006208（富邦台 50），還有另外一招，那就是以下所介紹的第一個策略——長期持有台指期。

❖ 也追蹤台灣大盤，且無內扣費用

基於先前的介紹，得知台指期是台灣期貨交易所推出的台灣股價指數期貨，追蹤標的為台灣加權指數，讓投資人能夠以期貨交易的方式，直接參與台股市場的漲跌。

此外，交易台指期只需要付買賣手續費及期交稅。省去了投資 ETF 需支付的經理費、保管費、成分股的買賣成本等內扣費用。

由此可知，一樣都是追蹤大盤的走勢，把保證金準備充足、槓桿控值得當，長期持有台指期可以創造一樣的效果。

❖ 長期持有台指期策略邏輯

長期持有台指期策略邏輯非常單純，就是永遠保持台指期多單的部位。大台、小台與微型台指的操作方式皆相同。進場日不限，進場就買進台指期近月的合約，俗稱做多台指期。

之後完全不用更動倉位，直到結算日時，也就是每個月的第三個星期三，讓期貨商自動平倉。隔天星期四 8:45 開盤後，再買進近月的合約。這樣的循環操作就是一直做多台指期，結算後換倉，持續追蹤大盤走勢。

每個月花不到 20 秒的時間操作，不用盯盤，流程年復一年堅持下去，基於股價指數長期向上的原理，就有很高的機率賺到錢。

建議準備資金

一口大台最少準備台幣 100 萬元；一口小台最少準備台幣 25 萬元；一口微型台指最少準備台幣 5 萬元。

由下頁的電腦模擬測試的淨值曲線及詳細資訊表可以看到，長期持有台指期策略的交易期間為 2004 年 1 月至 2024 年 1 月，淨值曲線的走勢與 4-2 小節的台灣加權指數走勢圖十分相近，也是一路往上。初始資金台幣 100 萬，最終資金約台幣 337 萬，獲利倍數 3.37 倍，年化報酬 6.27%。最大下跌起始於 2007 年 10 月 29 日，下跌金額約台幣 119 萬。

不盯盤、不複雜與不動腦的長期持有台指期策略，將近 20 年的時間，平均每年就會有 6.27% 的年化報酬！

淨值曲線＆詳細資訊

初始資金	1,000,000	交易期間	2004/1~2024/1
最終資金	3,372,800	最大下跌起始時間	2007/10/29
獲利倍數	3.37	最大下跌金額	1,191,400
年化報酬	6.27%		

由此可以推論，策略不是越複雜越好，單純照著趨勢走，長期獲利是輕而易舉的事情。一開始執行策略時，我們也曾懷疑就這樣一直做多台指期，不用畫一堆圖、不用看厚厚的研究報告、不用聽財經新聞解盤，真的可以獲利嗎？

然而數據的確顯示，長期持有台指期會賺錢。雖然歷史數據不代表未來，但只要獲利的本質不變，數據呈現出來的結果就具有一定的參考價值。因此我們只要丟掉太過多餘的主觀意識，傻傻地做，就能傻傻地讓荷包越來越厚。

❖ 公開真實對帳單

圖 6-2 為 2023 年 5 月底至 2024 年 2 月長期持有小台策略的對帳單，勝率超過 5 成。期間雖然有賠錢的月份，但賺錢的月份創造出來的報酬超過虧損，最終還是獲利！

沖銷日期	商品名稱	成交日	買賣	成交價	成交量	來源	損益
2023/06/21	小台期202306	2023/05/30	買進	16,549	1	交割	34,050
2023/06/21	小台期202306	2023/06/21	賣出	17,230	1	交割	--
2023/07/19	小台期202307	2023/06/21	買進	16,995	1	交割	5,400
2023/07/19	小台期202307	2023/07/19	賣出	17,103	1	交割	--
2023/08/16	小台期202308	2023/07/20	買進	17,091	1	交割	-36,350
2023/08/16	小台期202308	2023/08/16	賣出	16,364	1	交割	--
2023/09/20	小台期202309	2023/08/17	買進	16,275	1	交割	13,100
2023/09/20	小台期202309	2023/09/20	賣出	16,537	1	交割	--
2023/10/18	小台期202310	2023/09/20	買進	16,555	1	交割	-6,450
2023/10/18	小台期202310	2023/10/18	賣出	16,426	1	交割	--
沖銷日期	商品名稱	成交日	買賣	成交價	成交量	來源	損益
2023/11/15	小台期202311	2023/10/19	買進	16,462	1	交割	33,050
2023/11/15	小台期202311	2023/11/15	賣出	17,123	1	交割	--
2023/12/20	小台期202312	2023/11/17	買進	17,190	1	交割	22,300
2023/12/20	小台期202312	2023/12/20	賣出	17,636	1	交割	--
2024/01/17	小台期202401	2023/12/26	買進	17,649	1	交割	-24,050
2024/01/17	小台期202401	2024/01/17	賣出	17,168	1	交割	--
2024/02/21	小台期202402	2024/01/18	買進	17,205	1	交割	73,300
2024/02/21	小台期202402	2024/02/21	賣出	18,671	1	交割	--

▲ 圖 6-2 2023/5/30~2024/2/21 小台對帳單

此策略要獲利，只需要堅持與紀律，就這麼簡單。但生活中會有一堆雜訊、消息與旁人的言語干擾，即使知道策略就是這麼單純，也有可能中途放棄。古人說：「自古成功靠勉強」，只有強迫自己消除雜念，堅持一貫地執行策略，才會成為贏家。

說了這麼多不如讓各位身歷其境，真實感受一下持倉時會遇到什麼樣的情況。以及我當時是如何應對，以至於可以完全按照策略的條件，得到圖 6-2 的結果。

以下就 2023 年 10 月與 11 月的持倉狀態，來瞧瞧當時賠錢與賺錢的心路歷程。

❖ 執行策略的實際心路歷程

圖 6-3 顯示台灣加權指數的走勢圖。2023 年 9 月台指期合約結算前一週的星期五，美股四大指數全面收黑，賣壓出籠。9 月 18 日台積電重摔 18 元，跌幅 3.23%。加上 AI 概念股走勢也偏弱，加權指數跌去 1.32%，收在 16698 點。9 月 20 日結算日當天還是持續下跌，收盤 16534 點。

市場連續三天跌跌跌使內心非常糾結，我們很怕會繼續跌下去，但內心知道要維持紀律，才能嘗到最後甜美的果實。就這樣在非常兩難的情況下，我們戰勝心裡的恐懼繼續執行策略，也就是繼續做多台指期並且長期持有，圖 6-4 就是當天下單的對帳單。

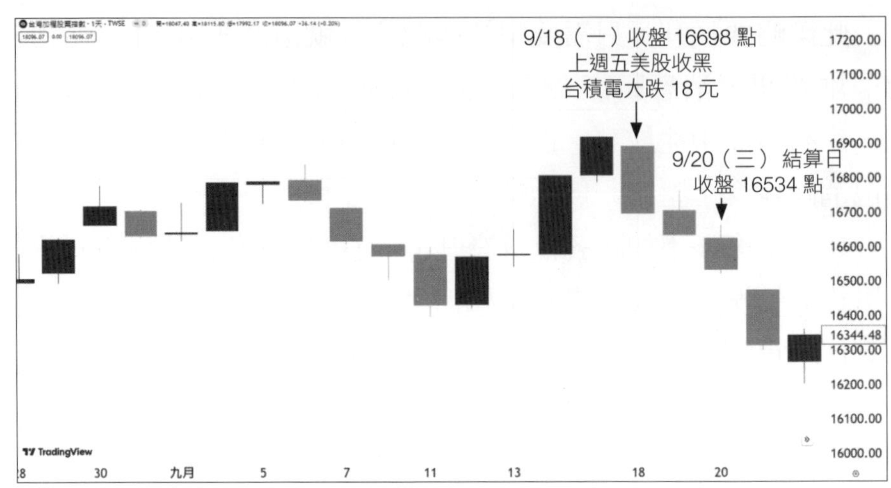

▲ 圖 6-3　台灣加權指數走勢圖
（資料來源：TradingView）

商品名稱	買賣	即時價	成交均價	未平倉口數	未平倉損益
小台期 202310	買進	16,565	16,555	1	500

▲ 圖 6-4　2023 年 10 月小台合約進場對帳單

美國參眾議院對於 2024 年美國政府預算意見分歧，一直無法達成共識，如果無法在 9 月 30 日前有結果，美國政府將會在 10 月開始停擺，導致全球市場憂心。9 月 26 日加權指數一根綠 K 下跌 1.07%，收在 16276 點，如圖 6-5 所示。與上週一相比已經跌去 422 點，圖 6-6 顯示小台的未平倉損益變為虧損 12,500，持續流血中。

但既然選擇繼續執行策略，不應該看到虧損就馬上離開市場，獲利本質還是存在，我們決定堅持下去。

美國參眾議院在 10 月 1 日前夕，通過短期撥款臨時法案，為期

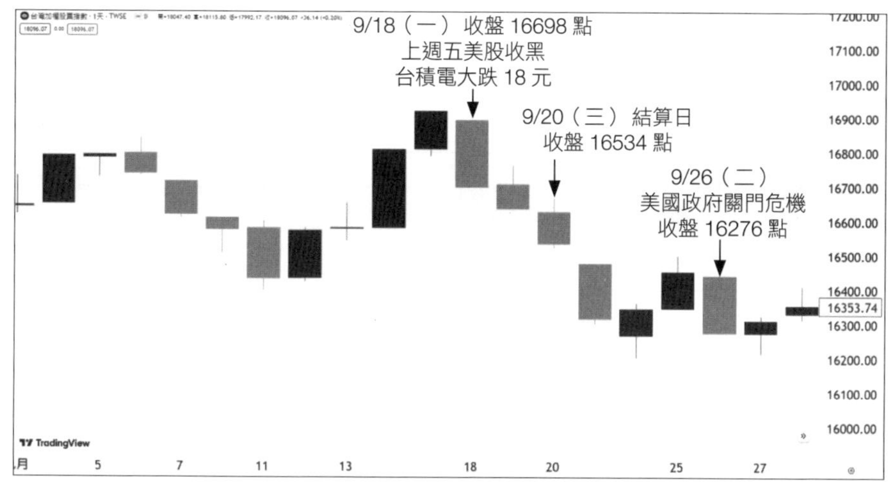

▲ 圖 6-5　台灣加權指數走勢圖
（資料來源：TradingView）

商品名稱	買賣	即時價	成交均價	未平倉口數	未平倉損益
小台期 202310	買進	16,305	16,555	1	-12,500

▲ 圖 6-6　2023/9/26 對帳單

45 天，短暫避免美國政府關門危機，加權指數以紅 K 棒回應這個消息，收盤 16557 點。10 月 12 日美國聯準會公布 9 月會議紀要，官員對於升息政策有分歧，但一致認為要謹慎地執行貨幣政策。市場情緒樂觀，加權指數上看到 16825 點，超過結算日前的高點，小台的未平倉損益漲到 14,750，如圖 6-7 所示。

這時候離 10 月小台合約結算還有約一週的時間，看到損益終於變成正，不枉費當初的堅持。同時有朋友關心持倉狀況，告誡金融市場很難掌握，有賺一點就要趕快離場，不要太貪心，現有的

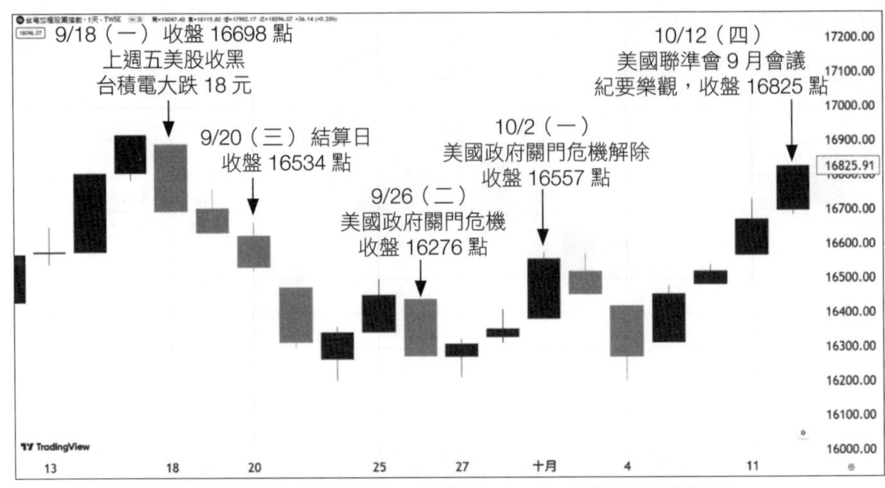

商品名稱	買賣	即時價	成交均價	未平倉口數	未平倉損益
小台期 202310	買進	16,850	16,555	1	14,750

▲圖 6-7　台灣加權指數走勢圖及 2023/10/12 對帳單
（資料來源：TradingView）

14,750 元擺在眼前，為什麼不落袋為安？

雖然 14,750 很香，但我們還是把紀律擺在眼前，長期持有台指期策略就是要持有至到期日，期間不能隨便亂動倉位。紀律一旦被打破，未來不遵守紀律的次數只會越來越多，中間沒有緩衝地帶。建議各位如果快要違反紀律，可以適時地用健身緩和一下情緒，衝動的事情會減少許多！

原本以為可以至少維持這樣的損益到結算，沒想到結果來個大反轉，如圖 6-8 所示。

10 月初發生以巴衝突，之後幾天衝突升溫，10 月 16 日加權指數小幅下跌。之後美國對中國祭出新的晶片出口限制措施，阻止 AI

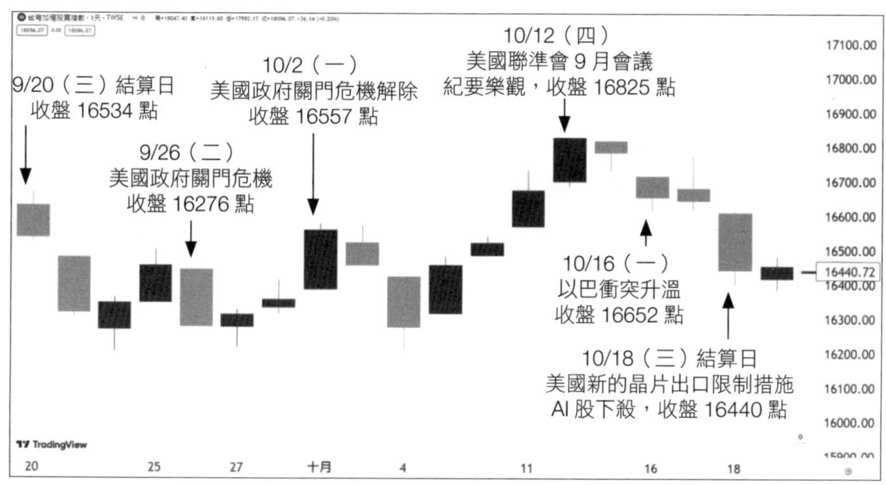

▲ 圖 6-8　台灣加權指數走勢圖
（資料來源：TradingView）

指標股輝達，為中國大陸市場設計的兩款高階 AI 晶片與一款頂級遊戲晶片的銷售，輝達的股價應聲下跌。10 月 18 日結算日當天，AI 股集體下殺，終場加權指數跌了 201 點，收在 16440 點。

10 月的小台讓系統平倉，圖 6-9 顯示損益為虧損 6,450 元。當初勸我們趕快平倉的朋友發現賠錢後，紛紛說：不要再遵循那個什麼爛策略了、不要亂碰期貨小心輸到脫褲子、以後只能孤獨到老、整個人生都賠進去了等等……

沖銷日期	商品名稱	成交日	買賣	成交價	成交量	來源	損益
2023/10/18	小台期202310	2023/09/20	買進	16,555	1	交割	-6,450
2023/10/18	小台期202310	2023/10/18	賣出	16,426	1	交割	–

▲ 圖 6-9　2023/9/20~2023/10/18 對帳單

聽到這些言論心情固然不會太好，煩心之際，把擺在書架的《洞悉市場的人》、《海龜交易法則》與《超級績效 2：投資冠軍的操盤思維》這些書再看過一遍。

穩定自己的心理狀態與思緒，重溫一次大師們的交易法則，也回想起當初交易的初衷，追求的目標是不盯盤與大賺小賠，而不是每把都要賺，股神巴菲特也是有看錯方向的時候。重點是把資金管理與停損機制做好，長期執行期望值為正的策略，終究會成為市場上的贏家。

因此我們又打起精神，看書充飽電後理智上線，即使市場走勢似乎是要往下跌，一下單就會面臨不確定的虧損，還是要繼續嚴格地執行策略。圖 6-10 為 2023 年 11 月小台合約進場日當天的走勢圖與對帳單，果然一進場就馬上有虧損。

圖 6-11 顯示進場後僅僅兩週，市場上出現 3 根綠 K 棒。10 月 23 日美債殖利率上升走勢強勁，為股市帶來壓力。以色列持續空襲加薩地區，擔憂以巴衝突持續擴大，亞股走弱，加權指數下挫 1.15%，收在 16251 點。

10 月 26 日適逢美國科技公司最新營運表現參差、蘋果 iPhone 15 Pro 滿意度下滑與國際局勢不穩定等因素，美股收黑，加權指數跌到 16073 點，差點貫穿萬六。

原以為萬六保衛戰應該會出現，結果月底 10 月 31 日續跌，三大法人賣超超過 180 億元台幣，外資持有的台指期淨空單增加至 15,297 口，當天加權指數最低點跌破萬六，最終收盤在 16001 點。

持有的小台倉位虧損變成 2 萬多，這個策略的槓桿沒有開很大，保證金放得很足夠，不怕券商沒收走。朋友們這次只是搖搖

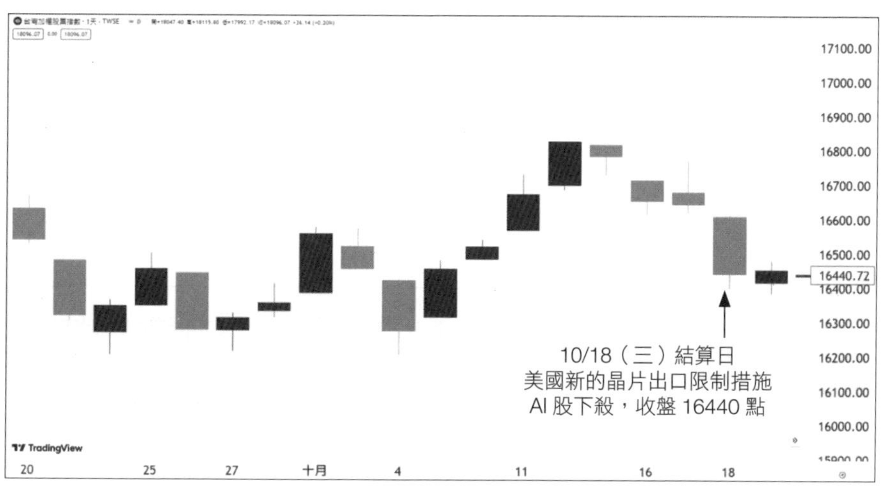

商品名稱	買賣	即時價	成交均價	未平倉口數	未平倉損益
小台期 202311	買進	16,460	16,462	1	-100

▲ 圖 6-10　台灣加權指數走勢圖及 2023 年 11 月小台合約進場對帳單（資料來源：TradingView）

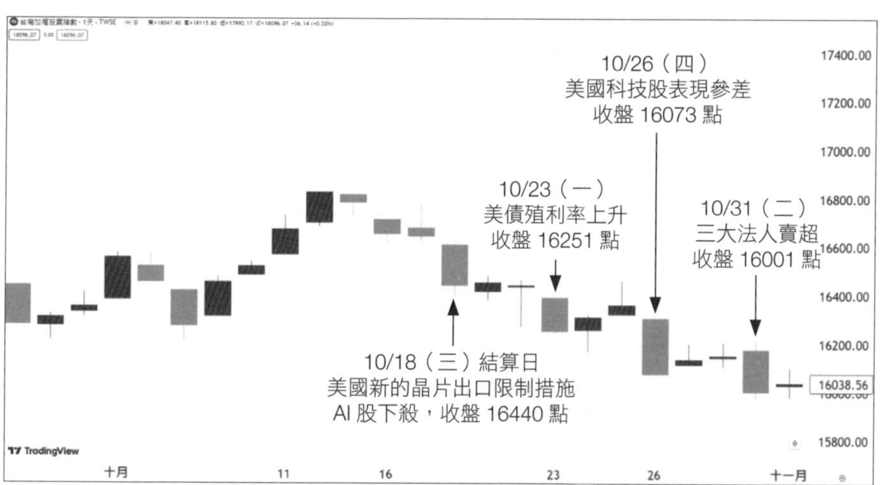

商品名稱	買賣	即時價	成交均價	未平倉口數	未平倉損益
小台期 202311	買進	15,997	16,462	1	-23,250

▲ 圖 6-11　台灣加權指數走勢圖及 2023/10/31 對帳單（資料來源：TradingView）

頭，說為什麼不跟著他們把錢好好放在銀行生利息，做好定存，要浪費時間來搞這一大堆東西呢？

幸虧一開始進場時，有把心態穩定好找回交易初衷。放定存很穩定但通膨很不穩定，法幣政策下，通膨是一種政府默默地從人民身上課的無形稅收。如果不做任何準備，持有的現金只會逐漸地被吞噬掉。意識到這一點及回想初衷後，依舊繼續持有倉位，即使唱衰的人很多，還是不顧一切勇往直前！

11 月 2 日凌晨，美國聯準會公告利率不變，市場預估 2023 年聯準會已經完成升息，下調 12 月升息預期。美債殖利率逐漸回落，美股全面走紅也為加權指數補血，當天漲了 358 點，收在 16396 點。手上的小台倉位損益虧損縮小到 3,450，如圖 6-12 所示，此時告訴自己要堅持下去。

台積電 10 月營收成績亮眼、輝達最新改良的三款 AI 晶片有望進軍大陸市場，與美國 10 月非農數據顯示就業降溫等原因的加持，11 月 13 日加權指數上攻到 16839 點，萬七已經在眼前。

才過兩週竟然漲了 838 點，小台的損益也跟著這波漲勢，從虧損變成獲利 20,600 了，如圖 6-13 所示。心理小小慶祝之餘，也告誡自己離結算日還有兩天的時間，一定要作戰到最後。

美國勞工部 14 日公布報告顯示，10 月消費者物價指數（CPI）顯著下滑，年增率由 9 月的 3.7% 降至 3.2%，低於市場預期的 3.3%。剔除波動性較大的能源與食品後，10 月核心 CPI 年增 4%，低於 9 月的年增率以及市場預期的 4.1%，為兩年來最低，顯示美國在降低通膨方面取得進展。

最新 CPI 數據預計會鞏固聯準會 12 月維持利率不變的決議，

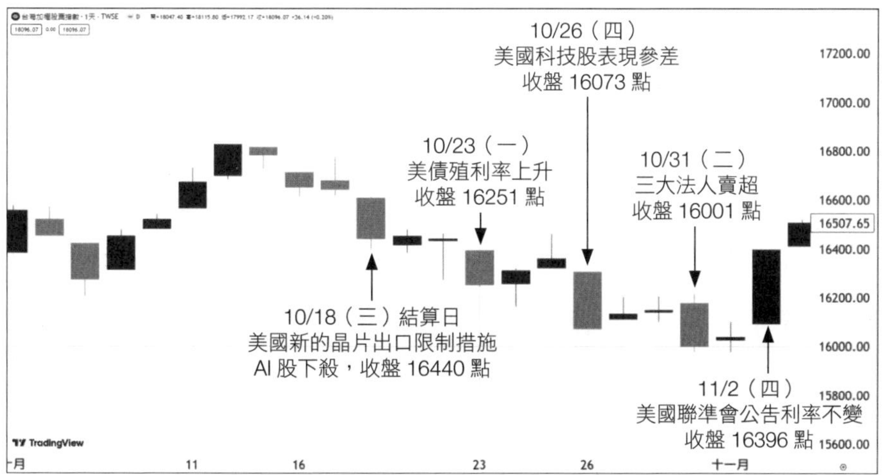

商品名稱	買賣	即時價	成交均價	未平倉口數	未平倉損益
小台期 202311	買進	16,393	16,462	1	-3,450

▲ 圖 6-12　台灣加權指數走勢圖及 2023/11/2 對帳單
（資料來源：TradingView）

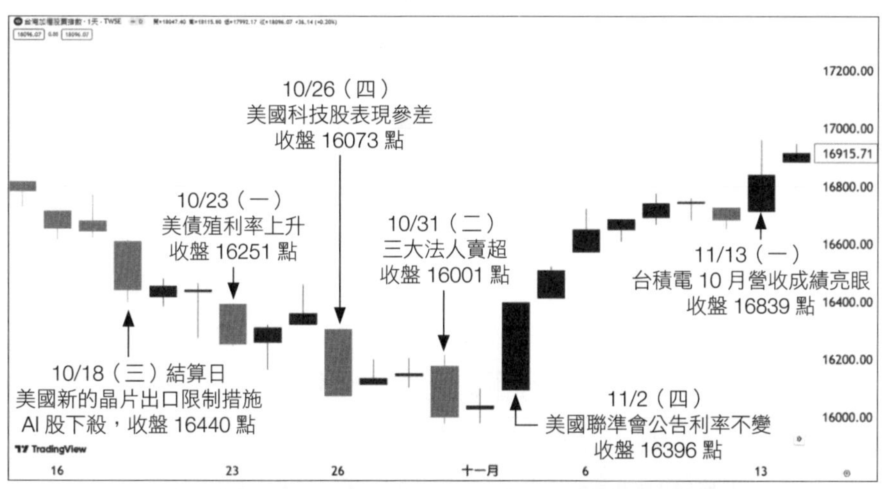

商品名稱	買賣	即時價	成交均價	未平倉口數	未平倉損益
小台期 202311	買進	16,874	16,462	1	20,600

▲ 圖 6-13　台灣加權指數走勢圖及 2023/11/13 對帳單
（資料來源：TradingView）

市場預期12月會議按兵不動的機率接近100%，而預估明年3月與5月開始降息的機率皆上升。

11月15日為結算日，受惠於美國10月通膨下滑且低於市場預期的影響，通膨壓力持續降溫。加權指數開盤隨即跳空，直接上到萬七，不給任何便宜上車的機會，終場收在17128點，如圖6-14所示。

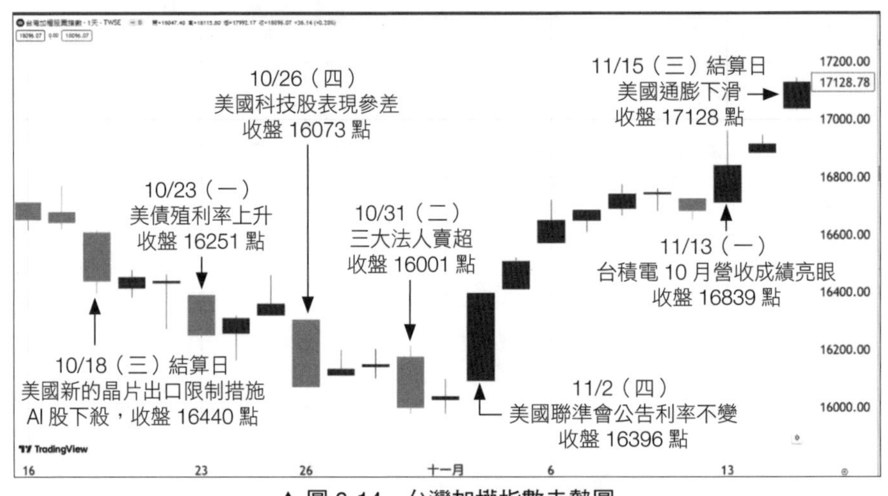

▲圖6-14　台灣加權指數走勢圖
（資料來源：TradingView）

11月的小台一樣讓系統平倉，最終損益33,050，如圖6-15所示，不但把10月的虧損都補回來，還倒賺2萬多元。朋友們看到股市好轉，策略真的賺到錢，卻都說是僥倖地得來的，下次就沒有這麼幸運了。

沖銷日期	商品名稱	成交日	買賣	成交價	成交量	來源	損益
2023/11/15	小台期202311	2023/10/19	買進	16,462	1	交割	33,050
2023/11/15	小台期202311	2023/11/15	賣出	17,123	1	交割	--

▲ 圖 6-15　2023/10/19~2023/11/15 對帳單

但相信各位能了解，我們持有倉位的期間，從一路虧損、弭平虧損到最後損益變正這中間心情的起伏，維持信念實屬不易，絕對不是僥倖換來的。

有人問我們怎麼會知道 11 月股市就再次上攻萬七，是什麼算命仙嗎？我們沒有這麼厲害可以算到未來點位，只是找到長期正期望值的策略，掌握交易優勢後，跟著策略、跟著數據與紀律走而已。確確實實地在該進場的時候進場，不隨便亂更動倉位，直到結算日為止。

持有倉位期間，股市有什麼風吹草動，都不予理會，心情起伏不定時，就去看書、舉啞鈴轉移注意力，找回交易的初衷，把旁人對我們的言語當作努力向上的動力。嚴格執行計畫，也做到自我承諾，成為真正的投資人，最終在市場中獲利！

❖ 改良後的長期持有台指期策略邏輯

台指期長期持有策略在近 20 年的交易期間，最大下跌曾經超過 100 萬，因此我們改良與優化策略，讓最大下跌可以下降一些，這邊提供給各位參考！

改良後的策略邏輯為，超過 200 日台指期均線才做多台指期。

淨值曲線中的虛線是台灣加權指數曲線，實線是策略的淨值曲線，可以看出兩者的走勢相近。且在 2020 年與 2022 年大盤下跌時，策略的淨值曲線下跌程度比加權指數還要小，成功讓策略避免大幅度虧損。

由詳細資訊可知，2004 年 1 月至 2023 年 10 月，年化報酬率 5.93%。最大下跌在 2007 年次級房貸金融海嘯，與原版的策略相比，最大下跌金額從 119 萬下降至 50 萬，有達到減少虧損的目標，各位也可以依照自己的需求下去調整策略。

改良後淨值曲線&詳細資訊

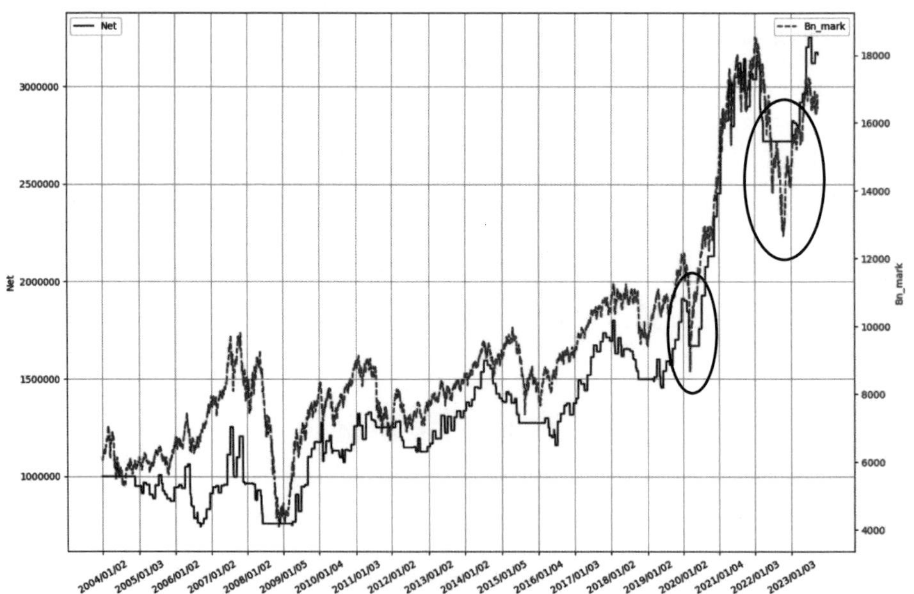

初始資金	1,000,000	交易期間	2004/1~2023/10
最終資金	3,164,600	最大下跌起始時間	2007/7/18
獲利倍數	3.16	最大下跌金額	504,400
年化報酬	5.93%		

6-3

【進階篇】台指期的價差策略

上一小節介紹長期持有台指期策略，電腦模擬測試過去 20 年，年化報酬 6.27%。這一小節則會介紹長期持有台指期策略的進階版——價差策略。

台指期是追蹤加權指數的走勢，當價格發生誤差時會快速被填平，使台指期的價格與加權指數的點位盡量一致，而利用「價格誤差」這個特性來進行套利，台指期價差策略因此被發想出來。

台指期價差策略的價差，是指台指期的價格與加權指數點位之間的差異，當台指期的價格減掉加權指數的點位是正數時，稱為「正價差」。為了填平價差，台指期的價格通常會往下降，以追蹤加權指數，此時可以考慮做空台指期。

相反地，當台指期的價格減掉加權指數的點位為負數時，稱為「逆價差」。為了填平價差，台指期的價格通常會往上升，以追蹤加權指數，此時可以考慮做多台指期。

❖ 台指期價差策略邏輯

每日下午 1:43 檢查台指期收盤價與加權指數的點位誤差，正價差時當下做空台指期近月合約，逆價差時當下做多台指期近月合約。結算日當天，也就是每個月的第三個星期三下午 1:30，系統會自動平倉手中持有的倉位。

此時檢查台指期與加權指數的點位誤差，正價差時隔天開盤一樣做空近月合約，逆價差時隔天開盤一樣做多近月合約，繼續價差策略。

停損機制為浮動停損，也就是每日的停損點位不同。設定停損點位時，以每日台指期的開盤價為主，回檔 1.1% 就執行停損。執行停損後，當日下午 1:43 根據策略邏輯再次進場。

【舉例】

停損機制舉例如下，假設台指期開盤價 16000。

情況一：當天持有台指期的多單

停損設定為「16000×（1－1.1%）=15824」，也就是當台指期跌到 15824 時，就執行停損平倉的動作。接著當天下午 1:43 檢查價差型態，正價差做空台指期，逆價差做多台指期。

情況二：當天持有台指期的空單

停損設定為「16000×（1+1.1%）=16176」，也就是當台指期漲到 16176 時，就執行停損平倉的動作。接著當天下午 1:43 檢查價差型態，正價差做空台指期，逆價差做多台指期。

❖ 操作方式

大台、小台與微型台指的操作方式皆相同。進場日不限哪一天，根據策略邏輯進場即可。如果當天持有的倉位為台指期多單，但是當天下午 1:43 檢查價差時，發現變為正價差要做空台指期，當下馬上平倉持有的多單，並且做空台指期。

以上的循環操作跟長期持有台指期策略一樣，重點就是手中一直持有台指期的倉位。

建議準備資金

一口大台最少準備台幣 100 萬元；一口小台最少準備台幣 25 萬元；一口微型台指最少準備台幣 5 萬元。

淨值曲線&詳細資訊

由以下電腦模擬測試的淨值曲線及詳細資訊表可以看出，台指期價差策略的交易期間為 2004 年 1 月至 2023 年 10 月，走勢持續上升。初始資金台幣 100 萬，最終資金約台幣 1,057 萬，獲利倍數 10.57 倍，年化報酬 12.51%。最大下跌起始於 2022 年 8 月 17 日，下跌金額約台幣 68 萬。

價差策略的獲利本質就是運用套利的特性，掌握台指期價格與加權指數的誤差。每天花不到 1 分鐘的時間檢查與操作，不用花時間盯盤，堅持按照策略邏輯每日操作，就可以進行套利，把誤差價值極大化，績效也比長期持有策略還要好！

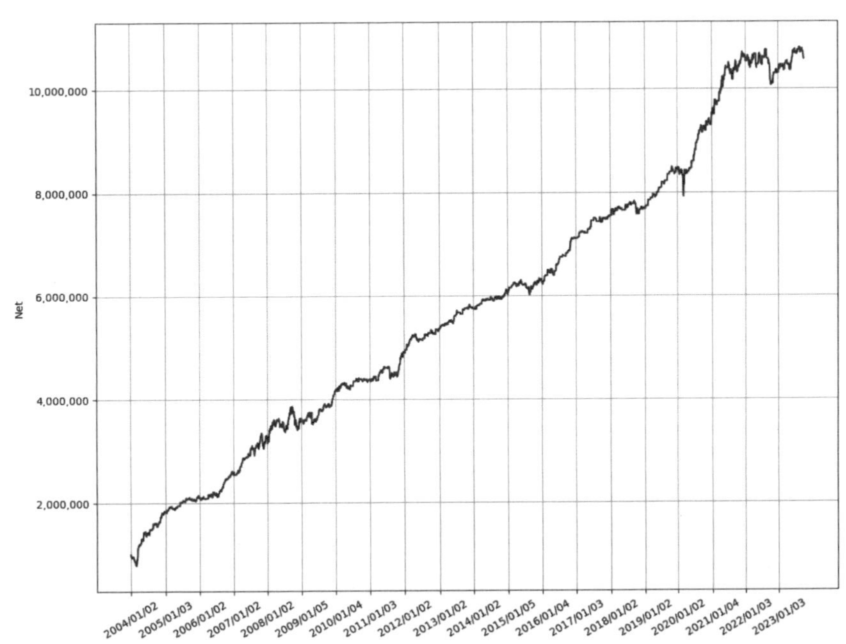

期初資金	1,000,000	交易期間	2004/1~2023/10
最終資金	10,571,085	最大下跌起始時間	2022/8/17
獲利倍數	10.57	最大下跌金額	684,293
年化報酬	12.51%		

❖ 執行策略的心路歷程

以下和各位分享執行此策略的心路歷程，回顧 2021 年當時的心境變化與實際績效。策略邏輯是以下午 1:43 的點位去檢查價差的型態，通常台指期收盤前兩分鐘與收盤價點位差異不會太大。為了讓心路歷程的說明更加清楚，會以台指期下午 1:45 的收盤價去進行說明，各位可以多加留意。

圖6-16顯示2021年5月20日台指期近月收盤價15974點，圖6-17顯示2021年5月20日加權指數收盤價16042，價差負68點，逆價差，為做多訊號。即使5月新冠肺炎疫情大爆發，全國進入三

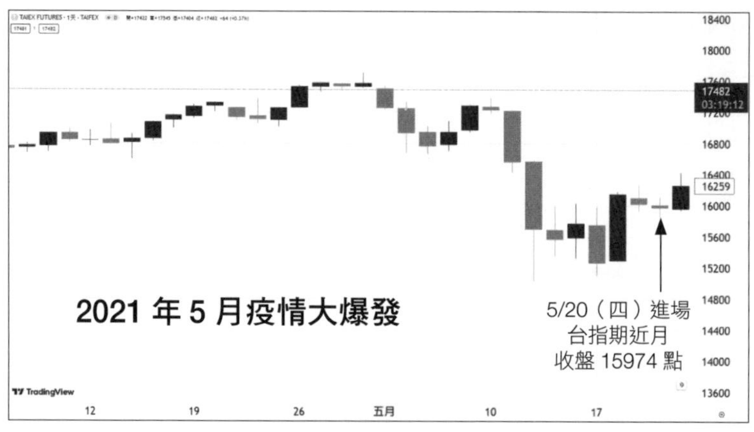

▲ 圖 6-16　台指期近月走勢圖
（資料來源：TradingView）

▲ 圖 6-17　台灣加權指數走勢
（資料來源：TradingView）

級警戒，街上空蕩蕩的，未來的走勢不明確，依照策略台指期還是要做多。傳奇操盤手彼得·林區曾經說過：「高明投資人和差勁投資人的差別經常不是智慧，而是紀律，想要成為市場上1%的贏家，就一定要把紀律擺第一。」

圖 6-18 顯示 2021 年 5 月 27 日台指期近月收盤價 16533，因為當天一根綠 K，下影線偏長，開盤 16614，停損點位為「16614×（1－1.1%）≈16431」。當天最低價 16219，盤中下跌打到停損點位，因此停損出場。

▲圖 6-18　台指期近月走勢圖
（資料來源：TradingView）

圖 6-19 為 2021 年 5 月 20 日至 5 月 27 日的價差策略對帳單，可以看出 5 月 20 日持有多單，一口小台與一口大台。即使 5 月 27 日打到停損點位出場， 但是台指期短期向上，20 至 27 日約一週的時間，台指期從 15974 上升到 16533，最終獲利超過 10 萬。

沖銷日期	商品名稱	成交日	買賣	成交價	成交量	來源	損益
2021/05/27	小台期202106	2021/05/20	買進	15,970	1	FIFO	--
2021/05/27	小台期202106	2021/05/27	賣出	16,411	1	FIFO	22,050
2021/05/27	台指期202106	2021/05/20	買進	15,969	1	FIFO	--
2021/05/27	台指期202106	2021/05/27	賣出	16,410	1	FIFO	88,200

▲ 圖 6-19　2021/5/20~2021/5/27 對帳單

圖 6-20 顯示 2021 年 7 月 28 日台指期近月收盤價 16965，圖 6-21 顯示 2021 年 7 月 28 日加權指數收盤價 17135 點，價差負 170 點，逆價差為做多訊號。即使加權指數從 7 月 23 日就一路下跌，訊號顯示做多就是要做多，不要多加懷疑。

▲ 圖 6-20　台指期近月走勢圖
（資料來源：TradingView）

▲ 圖 6-21　台灣加權指數走勢圖
（資料來源：TradingView）

圖 6-22 顯示 2021 年 8 月 6 日台指期近月收盤價 17439，開盤 17505。當天台指期下挫，最低價 17295，打到停損點位「17505×（1−1.1%）≈17312」，因此停損出場。

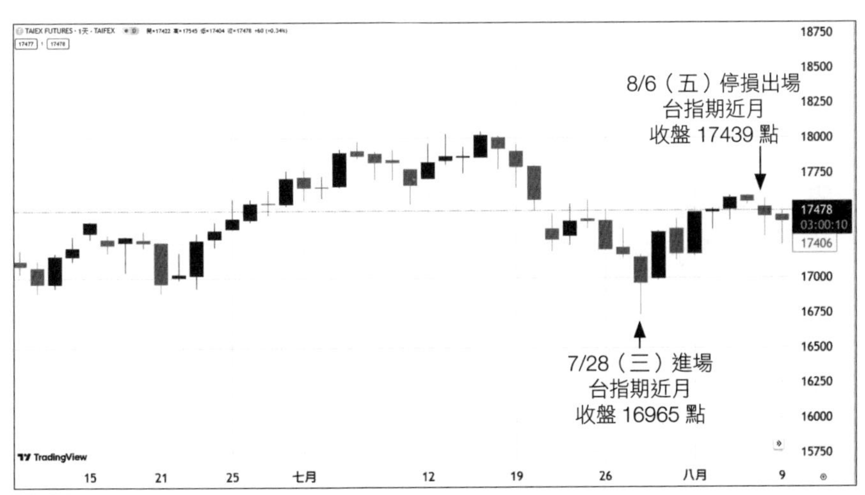

▲ 圖 6-22　台指期近月走勢圖
（資料來源：TradingView）

圖 6-23 為 2021 年 7 月 28 日至 8 月 6 日的價差策略對帳單，可以看出 7 月 28 日共買進 2 口小台及 1 口大台。即使 8 月 6 日打到停損點位出場，台指期還是從 16965 上漲到 17439，漲了 474 點，最終獲利超過 12 萬。

沖銷日期	商品名稱	成交日	買賣	成交價	成交量	來源	損益
2021/08/06	小台期202108	2021/07/28	買進	16,960	1	FIFO	–
2021/08/06	小台期202108	2021/07/28	買進	16,959	1	FIFO	–
2021/08/06	小台期202108	2021/08/06	賣出	17,363	2	FIFO	40,350
2021/08/06	台指期202108	2021/07/28	買進	16,959	1	FIFO	–
2021/08/06	台指期202108	2021/08/06	賣出	17,364	1	FIFO	81,000

▲ 圖 6-23　2021/7/28~2021/8/6 對帳單

有人問我怎麼知道 7 月 28 日後股市會恢復一些元氣，開始上揚。其實是數據告訴我未來會怎麼走，我傻傻地跟著做而已，沒有去過問旁人的意見，因此傻傻地讓帳戶的錢變多。

圖 6-24 顯示 2021 年 11 月 24 日台指期近月收盤價 17680，圖 6-25 顯示 2021 年 11月 24 日加權指數收盤價 17642 點，價差正 38 點，正價差，為做空訊號。當時美國通膨開始高漲，市場預估會再繼續攀升，價差策略訊號也有反應。

圖 6-26 顯示 2021 年 11 月 26 日台指期近月收盤價 17342。圖 6-27 顯示 2021 年 11 月 26 日加權指數收盤價 17369 點，價差負 27 點，逆價差為做多訊號，所以要先把空單平倉出場，再轉多單。

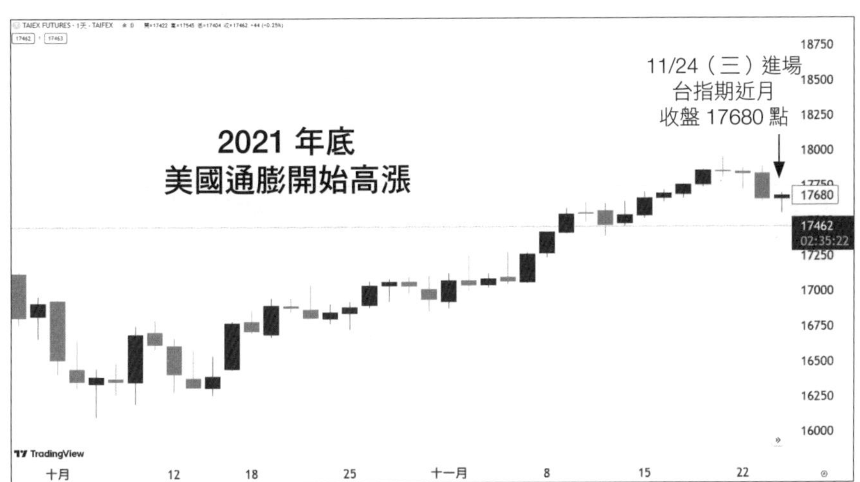

▲ 圖 6-24　台指期近月走勢圖
（資料來源：TradingView）

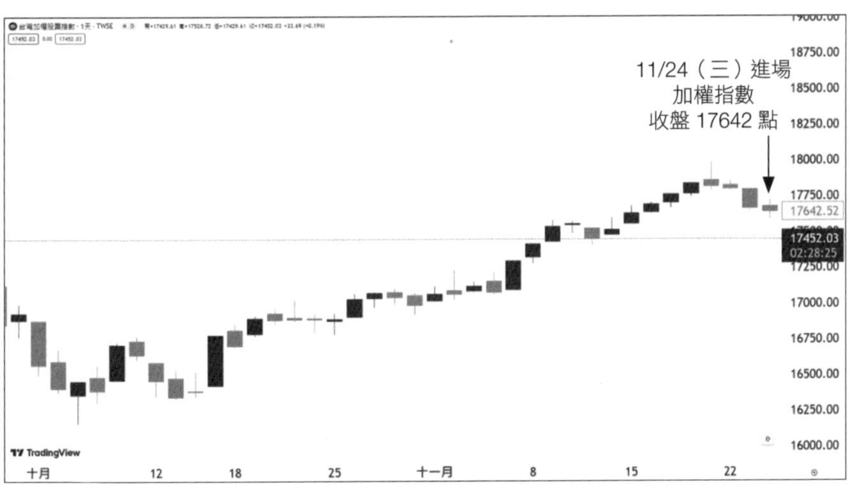

▲ 圖 6-25　台灣加權指數走勢圖
（資料來源：TradingView）

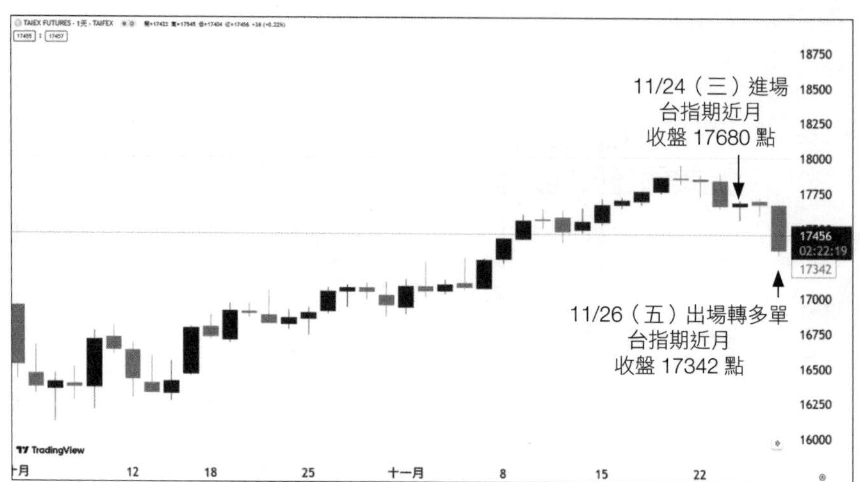

▲ 圖 6-26　台指期近月走勢圖
（資料來源：TradingView）

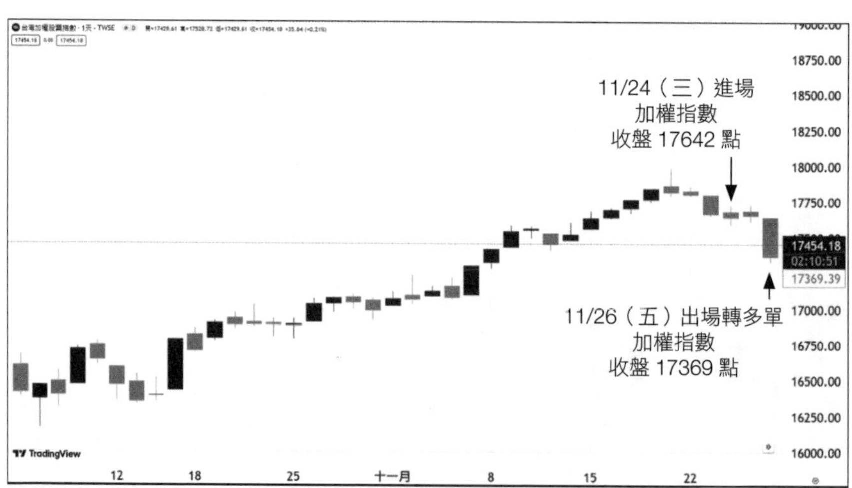

▲ 圖 6-27　台灣加權指數走勢圖
（資料來源：TradingView）

圖 6-28 為 2021 年 11 月 24 至 26 日平倉大台空單後的價差策略對帳單，兩天就有 135,600 進帳，再次顯現策略強大的威力。圖 6-29 為 2021 年 11 月 26 日進場大台多單的對帳單。

沖銷日期	商品名稱	成交日	買賣	成交價	成交量	來源	損益
2021/11/26	台指期202112	2021/11/24	賣出	17,681	2	FIFO	–
2021/11/26	台指期202112	2021/11/26	買進	17,342	2	FIFO	135,600

▲ 圖 6-28　2021/11/24~2021/11/26 對帳單

商品名稱	買賣	即時價	成交均價	未平倉口數	未平倉損益
台指期 202112	買進	17,308	17,342	2	-13,600

▲ 圖 6-29　2021/11/26 進場大台多單的對帳單

淨值曲線&詳細資訊

以下顯示 2020 年底至 2021 年底，價差策略的實際淨值曲線圖及績效，按照時間標示了當時的重大事件。2021 年的局勢非常動盪：1 月英國正式脫歐、5 月台灣疫情大爆發、7 月大陸打壓補教業、8 月美國從阿富汗撤軍、9 月曾經是中國第二大房地產商的恒大集團爆發債務危機、美國 10 月通膨年增率創 30 年新高等。

在這樣不穩定的局勢下，完全按照價差策略的訊號操作，需要具備強大的信念。從這裡可以看出，交易真的不是一件很容易的事，唯獨心態先訓練好了，才能在市場中毫不猶豫地執行必要的操作，如果總是懷疑一切，終將在投資市場中一無所獲。

進行價差策略，每次準備要下多單時朋友都會跳出來阻止，說：「你們賺錢是矇到，好加在沒有賠到錢，但是真的不要拿錢亂

期初資金	1,000,000	交易期間	2020/11~2021/12
最終金額	2,414,953	勝率	54.2%
獲利金額	1,414,953	賺賠比	1：5

開玩笑……」每次遇到這樣的言論，都只會給他們一個微笑沒有多做回應，堅持不因他人言論而改變策略。

也就是單純跟著數據的訊號走，數據說要做多，我就做多；數據說要做空，我就做空。透過機械式的交易照著紀律執行策略，一年就把資產翻倍，獲利倍數2.4倍，取得令人滿意的成果。謹守紀律交易的最終成果，如以下對帳單所示。

因交易時間長達一年，版面有限僅截取部分，完整對帳單在以下連結，有興趣的讀者可以自行參照。

https://lihi.cc/1q3e4

沖銷日期	商品	到期年月	履約價	成交日	買賣	成交價	成交量	平倉損益	淨損益(參考)	交易稅	手續費
20210916	FIMTX	202110	0	20210916	買進	17240	1	3,550	3,509	17	24
20210916	FIMTX	202110	0	20210915	賣出	17311	1	0	-41	17	24
20210916	FIMTX	202110	0	20210916	買進	17241	1	3,500	3,459	17	24
20210916	FITX	202110	0	20210915	賣出	17310	1	0	-114	69	45
20210916	FITX	202110	0	20210916	買進	17240	1	14,000	13,886	69	45
20210922	FIMTX	202110	0	20210916	買進	17241	2	0	-82	34	48
20210922	FIMTX	202110	0	20210922	賣出	17298	2	5,700	5,618	34	48
20210922	FIMTX	202110	0	20210922	賣出	17298	3	0	-123	51	72
20210922	FIMTX	202110	0	20210922	買進	16904	3	59,100	58,977	51	72
20210922	FITX	202110	0	20210916	買進	17240	1	0	-114	69	45
20210922	FITX	202110	0	20210922	賣出	17300	1	12,000	11,886	69	45
20210922	FITX	202110	0	20210922	賣出	17300	1	0	-114	69	45
20210922	FITX	202110	0	20210922	買進	16906	1	78,800	78,687	68	45
20211001	FIMTX	202110	0	20210922	買進	16904	1	0	-41	17	24
20211001	FIMTX	202110	0	20211001	賣出	16610	1	-14,700	-14,741	17	24
20211001	FIMTX	202110	0	20210922	買進	16904	2	0	-82	34	48
20211001	FIMTX	202110	0	20211001	賣出	16609	2	-29,500	-29,582	34	48
20211001	FITX	202110	0	20210922	買進	16906	1	0	-113	68	45
20211001	FITX	202110	0	20211001	賣出	16609	1	-59,400	-59,511	66	45
20211004	FIMTX	202110	0	20211001	買進	16525	2	0	-82	34	48
20211004	FIMTX	202110	0	20211001	買進	16524	1	0	-41	17	24
20211004	FIMTX	202110	0	20211004	賣出	16396	3	-19,300	-19,420	48	72
20211004	FITX	202110	0	20211001	買進	16525	1	0	-111	66	45
20211004	FITX	202110	0	20211004	賣出	16396	1	-25,800	-25,911	66	45

期 貨　類別 ○全部 ⊙期貨 ○個股期 ○選擇權 ○TX　開始日 2020/11/16　結束日 2021/10/21　查詢　□顯示成本

沖銷日期	商品	到期年月	履約價	成交日	買賣	成交價	成交量	平倉損益	淨損益(參考)	交易稅	手續費
20211001	FITX	202110	0	20210922	買進	16906	1	0	-113	68	45
20211001	FITX	202110	0	20211001	賣出	16609	1	-59,400	-59,511	66	45
20211004	FIMTX	202110	0	20211001	買進	16525	2	0	-82	34	48
20211004	FIMTX	202110	0	20211001	買進	16524	1	0	-41	17	24
20211004	FIMTX	202110	0	20211004	賣出	16396	3	-19,300	-19,420	48	72
20211004	FITX	202110	0	20211001	買進	16525	1	0	-111	66	45
20211004	FITX	202110	0	20211004	賣出	16396	1	-25,800	-25,911	66	45
20211006	FIMTX	202110	0	20211004	買進	16370	2	0	-80	32	48
20211006	FIMTX	202110	0	20211006	賣出	16280	2	-9,000	-9,080	32	48
20211006	FITX	202110	0	20211004	買進	16369	1	0	-110	65	45
20211006	FITX	202110	0	20211006	賣出	16279	1	-18,000	-18,110	65	45
20211012	FIMTX	202110	0	20211006	買進	16361	2	0	-80	32	48
20211012	FIMTX	202110	0	20211012	賣出	16295	2	-6,600	-6,680	32	48
20211012	FITX	202110	0	20211006	買進	16362	1	0	-110	65	45
20211012	FITX	202110	0	20211012	賣出	16295	1	-13,400	-13,510	65	45
20211013	FIMTX	202110	0	20211012	買進	16422	2	0	-80	32	48
20211013	FIMTX	202110	0	20211013	賣出	16330	2	-9,200	-9,280	32	48
20211013	FITX	202110	0	20211012	買進	16422	1	0	-111	66	45
20211013	FITX	202110	0	20211013	賣出	16325	1	-19,400	-19,510	65	45
20211020	FIMTX	202110	0	20211013	買進	16324	2	55,800	55,720	32	48
20211020	FIMTX	202110	0	20211020	賣出	16882	2	0	-82	34	48
20211020	FITX	202110	0	20211013	買進	16323	1	111,800	111,690	65	45
20211020	FITX	202110	0	20211020	賣出	16882	1	0	-113	68	45
期貨總計							324	1,076,400	1,052,260	13,088	11,052

▲ 圖 6-30　價差策略對帳單

重點整理

跟著諸葛亮操作：2 種台指期策略

一、長期持有策略

投資心法

在台灣投資大盤，除了購買大盤正向型 ETF 外，還可以長期持有台指期，省去 ETF 的內扣費用。

操作步驟

1. 進場日不限於哪一天，進場時買進台指期近月的合約。
2. 進場後不用去更動倉位，直到結算日時，讓系統自動平倉。
3. 平倉後隔天早上 8:45 開盤後，再買進台指期近月的合約。
4. 一口大台、小台與微型台指最少準備 100、25 與 5 萬元。

二、價差策略

投資心法

台指期是追蹤台灣加權指數走勢的期貨商品，當兩者價格發生誤差時，就有套利的機會，最少準備資金同上述的長期持有策略。

操作步驟

1. 每日下午 1:43 檢查台指期收盤價與加權指數的誤差，正價差時做空台指期近月合約，逆價差時做多台指期近月合約。

2. 結算日當天下午 1:30 檢查點位，正價差時隔天開盤一樣做空近月合約，逆價差時隔天開盤一樣做多近月合約。

3. 以每日台指期的開盤價為主，回檔 1.1% 就執行停損，執行停損後，當日下午 1:43 根據策略邏輯再次進場。

實際操作績效

以下是 2023 年 10 月 19 日至 2024 年 2 月 21 日長期持有台指期策略的沖銷明細。

以小台期 202311 為例， 2023 年 10 月 19 日進場買進近月小台的合約，成交價在 16,462。之後都沒有更動倉位，直到小台期 202311 結算日 2023 年 11 月 15 日，讓系統自動結算，成交價在 17,123，損益為（17,123–16,462）×50 = 33,050。

沖銷日期	商品名稱	成交日	買賣	成交價	成交量	來源	損益
2023/11/15	小台期202311	2023/10/19	買進	16,462	1	交割	33,050
2023/11/15	小台期202311	2023/11/15	賣出	17,123	1	交割	--
2023/12/20	小台期202312	2023/11/17	買進	17,190	1	交割	22,300
2023/12/20	小台期202312	2023/12/20	賣出	17,636	1	交割	--
2024/01/17	小台期202401	2023/12/26	買進	17,649	1	交割	-24,050
2024/01/17	小台期202401	2024/01/17	賣出	17,168	1	交割	--
2024/02/21	小台期202402	2024/01/18	買進	17,205	1	交割	73,300
2024/02/21	小台期202402	2024/02/21	賣出	18,671	1	交割	--

第 7 章

用選擇權的操作公式，跟著我一個月獲利超過3倍！

上一章所介紹的台指期長期持有策略，是以期貨為交易標的。在台灣進行期貨交易，根據上一章的介紹，期貨交易所規定投資者在開始交易前，其帳戶內的資金必須大於等於原始保證金。這裡所稱的保證金在帳戶中通常被稱為「權益數」，而在實際進行交易時，權益數必須持續高於維持保證金的水準。

投資是為了讓生活品質變得更好，不需要長時間盯盤、不受市場波動來影響投資心態是我們的目標。然而，當發生黑天鵝事件時，即便股指長期向上的特性沒有變，市場在恐慌下，價格的波動可能大幅增加。

此時，當期貨還有倉位時，為了避免被券商強制平倉，可能需要額外追加保證金，導致生活的壓力變大。為了改善這個問題，本章節要來介紹「ABC 策略」。

ABC 策略的獲利來源與台指期長期持有相同，一樣是基於股指長期向上的特性所發想出來的。但在執行上有一項獨特的優勢，就是進場即停損，也就是最大虧損金額被控制住了，交易期間完全不用再追加保證金，最終獲利可能會無限大。為何會這樣說呢？介紹完此策略持有的標的台指選擇權，你就會知道了！

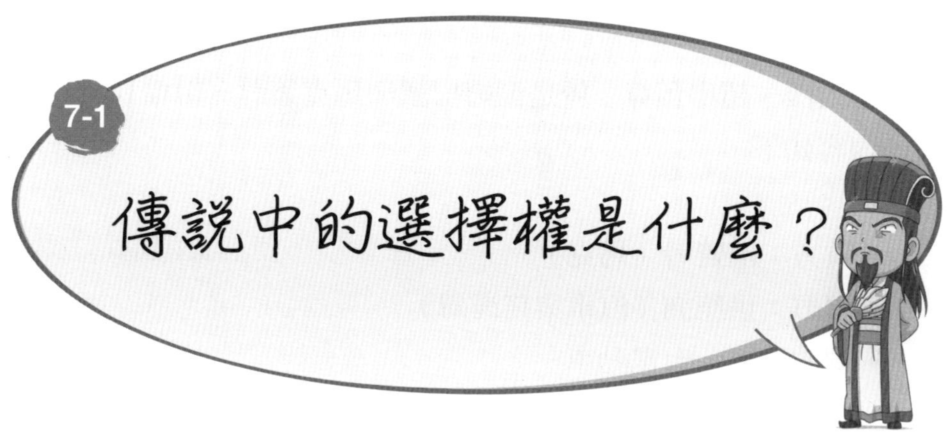

選擇權（Options）又稱為期權，是指「未來有權以特定價格買賣商品的權利」。在選擇權交易中，買方和賣方會達成契約，確定合約內容，包括交易的標的、履約價格、買賣數量以及契約結算日。

選擇權看似很複雜，其實它的概念類似於日常交易中常使用到的憑證。這邊舉一個例子說明，讓你可以輕鬆掌握到選擇權的核心價值。

❖ 從馬克買車的故事說起

馬克是一位非常努力工作的人，假日還去兼差，幾年後終於存到一筆錢。他打算用這筆錢犒賞自己，計劃購買一台目前售價 150 萬元的電動車，於是去找汽車業務湯姆洽談。

湯姆告知馬克目前車用晶片缺貨，不提供預購，最快交車時間要等到下個月 15 號。雖然馬克願意等待，但擔心車子交貨時價格可能會上漲，超出預算。於是湯姆提議與馬克簽訂一份權利契約，契約內容如下。

- 買方：消費者（馬克）
- 賣方：供應商（汽車業務湯姆）
- 標的物：一台電動車
- 買方權利金：2 萬元
- 賣方保證金：一開始 50 萬元
- 履約價：約定交易價格 150 萬元
- 到期日：一個月後的 15 號

契約的內容是馬克支付了 2 萬元的權利金，在一個月後的 15 號，無論電動車價格如何變動，馬克都擁有選擇權，可以決定是否以 150 萬元的價格向汽車業務湯姆購買一台電動車。值得注意的是，最初支付的 2 萬元權利金，不能用來扣抵購買電動車的價格。

為了確保賣方汽車業務湯姆會履行與馬克簽訂的權利契約，以及加強這份交易的可信度，湯姆同時向一家公正的第三方機構支付保證金。當電動車價格持續上漲時，湯姆需要支付更多的保證金，以證明他有履行權利的能力。

簽完契約後，汽車業務湯姆向馬克提供契約的憑證，此憑證讓馬克日後能夠依據契約條款來行使買方的權利。

一個月後，電動車價格的變化會有三種情況，分別是漲價、跌價與持平。以下介紹在這三種情況下，買方和賣方可能的行為。

情況一：電動車價格漲價到 200 萬元

電動車價格	漲價到 200 萬	是否履行權利
買方馬克盈虧	市價 200 萬－履約價 150 萬－權利金 2 萬＝48 萬	是
賣方汽車業務湯姆盈虧	履約價 150 萬－市價 200 萬＋權利金 2 萬 ＝-48 萬	依照買方決策

買方行為：在這種情況下，正如馬克所預期的電動車價格上漲。但沒關係，當初馬克有與汽車業務湯姆簽訂契約，拿到了憑證。馬克做為買方，可以拿憑證做為當初簽約的證明，用 150 萬元的價格向汽車業務湯姆購買電動車，賺取 48 萬元的盈利。

賣方行為：汽車業務湯姆收到馬克的憑證後，無論有無虧損，均需根據契約條款履行義務，也就是必須以 150 萬元的價格賣給馬克一台電動車，導致虧損 48 萬元。

情況二：電動車價格跌價到 100 萬元

電動車價格	跌價到100萬	是否履行權利
買方馬克盈虧	履行權利盈虧： 市價 100 萬－履約價 150 萬－權利金 2 萬＝-52 萬 不履行權利盈虧：權利金 -2 萬	否
賣方汽車業務湯姆盈虧	權利金 2 萬	依照買方決策

買方行為：如果電動車價格下跌，馬克執意用 150 萬元的價格向汽車業務湯姆購買，反而會虧損 52 萬元。因此馬克選擇不履行權利，決定寧願虧損當初繳交的權利金 2 萬元，直接用市價 100 萬元去買電動車。

賣方行為：既然馬克不履行權利，賣方汽車業務湯姆就有一開始收的權利金 2 萬元的盈利。

情況三：電動車價格持平，維持150萬元

電動車價格	持平150 萬	是否履行權利
買方馬克盈虧	履行權利盈虧： 市價 150 萬—履約價 150 萬—權利金 2 萬=−2 萬 不履行權利盈虧：權利金 −2 萬	否
賣方汽車業務湯姆盈虧	權利金 2 萬	依照買方決策

買方行為：如果電動車價格持平，還是 150 萬元，買方馬克履不履行權利，都是虧損 2 萬元，因此上表是假設他不履行權利。

賣方行為：無論馬克有無行使權利，賣方汽車業務湯姆都有一開始收的權利金 2 萬元盈利。

❖ 買權與賣權介紹

以上例子得知，買方擁有決定「是否要履行合約，買電動車」的權利，這樣的權利，在選擇權的術語中稱為「買權」（Call）。

除了買權，在選擇權的術語中，還有一種權利被稱為「賣權」（Put）。賣權賦予持有者在合約期滿時，擁有以事先約定的價格賣出特定資產的權利。

例如第 6 章舉的農夫例子，農夫擔憂未來農作物價格大幅下跌，無法賣個好價格，除了可以與農產品批發市場簽訂期貨交易的合約，確定到期時一定要按照特定價格交易外，也能夠透過買進「賣權」，結算日時有權利決定是否要用當初約定好的價格賣出農作物。選擇權交易使農夫可以更靈活地依照市價做出適當決策，獲得最大收益。

由此可知，無論是買權或是賣權，僅買方具備選擇是否執行合約的權利，而賣方僅能被動地接受買方的決定。

❖ 期貨 VS. 選擇權

透過農夫與農產品批發市場的例子，可以了解期貨和選擇權皆有避險功能，是金融市場上廣泛應用的衍生性金融工具。儘管兩者都在風險管理中發揮關鍵作用，但它們在本質上仍有顯著差異，以下整理 4 點，能幫助各位更深入了解。

1. 履行合約的強制程度

期貨：買賣雙方簽署期貨合約後，無論未來的市場價格如何變動，都有義務在結算日履行合約，屬於強制性履行。

選擇權：買方有權但非義務在結算日選擇是否履行合約，屬於選擇性履行，而賣方則必須遵從買方的決定。

2. 支付的金額

期貨：買方和賣方都需準備保證金，以確保結算日的履約能力。

選擇權：買方支付權利金，作為購買選擇權利的價格；而賣方支付保證金，確保結算日的履約能力。

3. 操作的靈活性

期貨：屬於標準化合約，因為合約規格固定，限制了靈活度。此外需要隨時注意保證金的金額是否足夠，價格波動時可能需追加保證金。

選擇權：合約相對於期貨較為靈活，投資者可以選擇不同的履約價格，以滿足不同的投資需求。如果擔任選擇權的買方不行使權利，最多損失權利金，無追加保證金的情況發生，風險有限。

4. 損益潛在大小

期貨：買方和賣方的損益皆無上限，都需面對無限制的損失或獲利。

選擇權：買方的損失僅限於支付的權利金，但是獲利無上限；賣方的損失有潛在的無上限，而獲利有限。

❖ 選擇權的 4 種操作類型

接下來以下表說明選擇權的 4 種操作類型，相信各位能更容易了解。

	買權（Call）	賣權（Put）
買方（Buy）	1. 預期大漲 2. 支付權利金 3. 風險有限，獲利無限	1. 預期大跌 2. 支付權利金 3. 風險有限，獲利無限
賣方（Sell）	1. 預期小跌或沒有變化 2. 支付保證金 3. 風險無限，獲利有限	1. 預期小漲或沒有變化 2. 支付保證金 3. 風險無限，獲利有限

1. 買進買權（Buy Call）例子

在馬克買車的例子中，買方馬克擔心未來電動車的價格會上漲，因此他進行的操作屬於買進買權（Buy Call），即位於表格左上角的那一格。

簽約時馬克已支付權利金，結算日那天如果電動車價格上漲，馬克會選擇履約，也就能賺取價差。相反地，如果電動車價格下跌，馬克會選擇寧願損失權利金也不履約。因此這種操作類型具有風險有限，獲利無限的特性。

2. 賣出買權（Sell Call）例子

賣方汽車業務湯姆認為未來電動車的價格可能會小跌，甚至持平，因此進行的操作屬於賣出買權（Sell Call），即位於表格左下角的那一格。

簽約時湯姆已支付保證金，結算日那天賣方需遵從買方馬克的決定，如果買方選擇不履約，賣方就能賺取當初收的權利金。然而，如果買方選擇履約，賣方則必須按照一開始設定的履約價，將電動車賣給買方。因此，這種操作類型具有風險無限，獲利有限的特性。

3. 買進賣權（Buy Put）例子

在農夫與農產品批發市場的交易中，農夫擔心未來農作物的價格可能下跌，因此進行的操作屬於買進賣權（Buy Put），即位於表格右上角的那一格。

簽約時農夫已支付權利金，結算日那天如果農作物價格下跌，農夫會選擇履約，就能賺取價差。相反地，如果農作物價格上漲，農夫會選擇以市場現價賣給農產品批發市場，寧願損失權利金也不要履約。因此，這種操作類型具有風險有限，獲利無限的特性。

4. 賣出賣權（Sell Put）例子

農產品批發市場相對於農夫而言，則是認為未來農作物的價格可能小漲，甚至持平，因此進行的操作屬於賣出賣權（Sell Put），即位於表格右下角的那一格。

簽約時賣方已支付保證金，結算日那天，賣方一樣需遵從買方農夫的決定，若買方選擇不履約，賣方就能賺取當初收的權利金。然而如果買方履約，賣方則必須按照一開始設定的履約價，向買方收購農作物。因此，這種操作類型具有風險無限，獲利有限的特性。

透過以上馬克買車記與農夫和農產品批發市場交易的例子，可以清楚了解選擇權 4 種操作類型的特點。

擔任買方有兩個共通點，包括支付權利金，以及最重要的「風險有限，獲利無限」，可以根據市場波動進行靈活的操作。

相對地，擔任賣方的兩個共通點涵蓋了支付保證金，以及最重要的「風險無限，獲利有限」。儘管獲利受到限制，只要標的價格在合約結算日沒有漲穿或跌破履約價時，還是能夠獲得收益。

❖ 選擇權買方與賣方特性

從以上介紹，可以知道選擇權的買方，通常僅需支付一小部分權利金，即可參與市場波動，有機會在行情劇烈波動時獲得高額的回報。由於風險有限，最大損失僅限於支付的權利金，使選擇權被形容為「以小博大」的投資方式，類似於樂透彩券的概念。

既然概念類似樂透彩券，其實際的獲利機會相對較低。因此實際交易前，務必確保策略可行性，並且做好良好資金管理，避免陷入純粹的「賭博」行為。

選擇權的賣方，雖然是「獲利有限，風險無限」，仍有人願意擔任賣方的角色。原因在於它具有即使判斷方向錯誤，仍有賺取利潤的特性。

例如馬克買車的例子，當電動車上漲到 151 萬，即使高於 150 萬，馬克若選擇履約還是虧損 1 萬（市價 151 萬－履約價 150 萬－權利金 2 萬），這時賣方汽車業務湯姆卻能賺取 1 萬的權利金。這個現象就非常有趣，雖然賣方誤判市場走勢，仍然有機會實現獲利。

在選擇權的市場中，就是要有各種投資人做不同的判斷、願意做不同的操作，交易才會成交。而選擇權最大的特殊之處在於：買方和賣方的權利義務存在不對等的情況，進而衍生多種不同交易策略。

❖ 國內指數型選擇權——台指選介紹

在台灣想要交易選擇權，跟期貨非常類似，可以參考上一章內容。只要開通期貨的戶頭，並且存入一定的金額到與期貨一樣的保證金專戶，當有足夠的保證金或權利金後，即可以開始進行選擇權交易。

本章介紹的策略，使用的選擇權商品為台灣選擇權交易量最大、流動性最大的國內指數型選擇權——台指選擇權，簡稱台指選。在此僅介紹台指選合約的相關資訊，如表 7-1，如果對其他選擇權有興趣，可以上期交所網站查詢相關資訊！

1.台指選買方權利金計算方式

買方權利金的計算方式為「權利金報價點數× 50（契約乘數）×交易的口數」，以圖 7-1 來做說明。此為 2024 年 1 月選擇權的報價，位於正中間的 17250 為當下最接近加權指數的點位，可以看做市價，俗稱「價平」。左邊 Call 的成交價為 8.4，表示買進一口履約價為 17250 的買權（Buy Call），權利金為「8.4×50×1= 420 元台幣」。

而右邊的 Put 的成交價為 39，表示當時買進一口賣權（Buy Put）的權利金為「39×50×1 =1,950 元台幣」。

表 7-1 台指選合約的相關資訊

英文代碼	TXO
交易標的	台灣證券交易所發行量加權股價指數
中文簡稱	台指選擇權（台指買權、台指賣權）
交易時間	一般交易（日盤）：08:45～13:45 盤後交易（夜盤）：15:00～05:00 到期月份契約最後交易日：8:45～13:30 到期月份契約最後交易日無盤後交易時段
最後交易日	1.各月份契約為交割月份的第三個星期三 2.交易當週星期三加掛之契約，其最後交易日為掛牌日次二週之星期三
到期日	同最後交易日
履約型態	歐式（僅能於到期日行使權利）
契約乘數	每點台幣50元
合約一單位名稱	一口
交割方式	現金結算
買方權利金	權利金報價點數×50×交易的口數
賣方保證金	請至期貨交易所查詢最新版本

資料來源：期交所官網（截至 2024/10/11）

基於本章節要介紹的是屬於買方策略，賣方保證金的部分，因為公式較複雜，在此就不詳細解說。有興趣的朋友，可以參考以下網站，裡面非常詳細地說明賣方保證金的計算方式！

https://www.pfcf.com.tw/product/detail/2147

2. 價平、價外與價內介紹

如下圖，價平、價外與價內這三個名詞，是指選擇權不同的履約價格與目前市價的相對關係，以下從買進買權與買進賣權的角度解釋。

在買進買權交易中，如果履約價高於目前市價 17250 點，稱為「價外」。由於結算日的履約價高於目前市價，風險相對較高，因此權利金報價會逐漸下降，因為投資者可能寧願虧損權利金，也不願意履約。

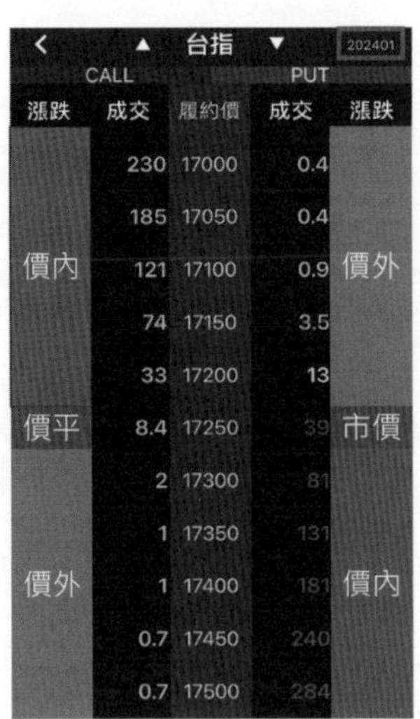

▲圖 7-1　台指選報價截圖
（資料來源：群益期貨下單軟體）

而如果履約價低於目前市價 17250 點，稱為「價內」。由於結算日的履約價低於目前市價，風險相對較低，因此權利金報價會逐漸上升。

在買進賣權交易中，如果履約價高於目前市價 17250 點，稱為「價內」。由於結算日的履約價高於目前市價，風險相對較低，因此權利金報價會逐漸上升。

而如果履約價低於目前市價 17250 點，稱為「價外」。由於結算日的履約價低於目前市價，風險相對較高，因此權利金報價會逐漸下降，因為投資者可能寧願虧損權利金，也不願意履約。

總結以上，在買進買權交易中，履約價高於目前市價為「價外」，履約價低於目前市價為「價內」；在買進賣權交易中，履約價高於目前市價為「價內」，履約價低於目前市價為「價外」。

3. 台指選買方損益計算方式

台指選買方支付的權利金，會根據每日加權指數的變動及結算日遠近，而有不同價格。以本章介紹的買進買權為例，結算日時當成交價大於履約價，損益計算方式為（成交價－履約價－權利金報價點數）×50。當成交價小於履約價，系統會自動認定買方放棄履約，因此損益變為「權利金報價點數×50×（–1）」。

我們以下頁圖 7-2 與圖 7-3 買進台指買權的沖銷明細為例，來講解損益的計算方式。

圖 7-2 顯示在 2024 年 3 月 21 日買進 1 口 2024 年 4 月的台指買權，履約價在 20300，權利金報價點數為 273。2024 年 4 月 17 日平倉，成交價為 20,238，小於履約價，系統自動放棄履約，損益

沖銷日期	商品名稱	成交日	買賣	成交價	成交量	來源	損益
2024/04/17	台指權202404 20300Call	2024/03/21	賣出	273	1	放棄	--
2024/04/17	台指權202404 20300Call	2024/03/21	買進	20,238	1	放棄	-13,650

▲ 圖 7-2　2024/3/21~2024/4/17 對帳單

沖銷日期	商品名稱	成交日	買賣	成交價	成交量	來源	損益
2024/05/15	台指權202405 20400Call	2024/04/18	賣出	310	1	履約	--
2024/05/15	台指權202405 20400Call	2024/04/18	買進	21,143	1	履約	21,650

▲ 圖 7-3　2024/4/18~2024/5/15 對帳單

為 −13,650，計算方式為 273 × 50×（−1）= −13,650。

圖 7-3 顯示 2024 年 4 月 18 日買進 1 口 2024 年 5 月的台指買權，履約價在 20400，權利金報價點數為 310。2024 年 5 月 15 日平倉，成交價為 21,143，大於履約價，系統自動履約，損益為 21,650，計算方式為（21,143－20400－310）×50 = 21,650。

❖ 台指選月份及週別契約說明

台指選除了各月份的契約外，還提供投資者各週的契約來進行交易。圖 7-4 是在 2024 年 1 月 17 日的截圖，交割的最近一個月份為 2024 年 1 月，因此圖中就有 2024 年第 4 週與第 5 週的選擇權提供交易。

圖中的 W 代表週，202401W4 表示 2024 年 1 月第 4 週的契約，202401W5 表示 2024 年 1 月第 5 週的契約。

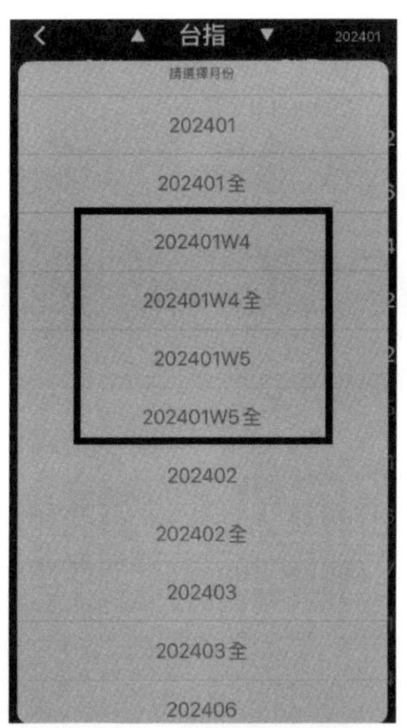

▲ 圖 7-4　台指選契約截圖
（資料來源：群益期貨下單軟體）

本章節要介紹的策略，交易的選擇權標的為台指買權的月份契約，且為交割的最近一個月份，俗稱「近月台指買權」。

以上就是台指選的簡要介紹，選擇權的操作方式與規則相較期貨更為複雜，但也因此帶來更多操作彈性與策略變化！如果想要更深入地了解相關知識，非常推薦閱讀許溪南教授撰寫的《選擇權交易原理與實務》，全書內容乾貨滿滿。

當你瞭解完台指選的遊戲規則後，下一章節就要進入到台指選策略，提供你簡單且不用花時間盯盤的策略，輕鬆進入選擇權市場。

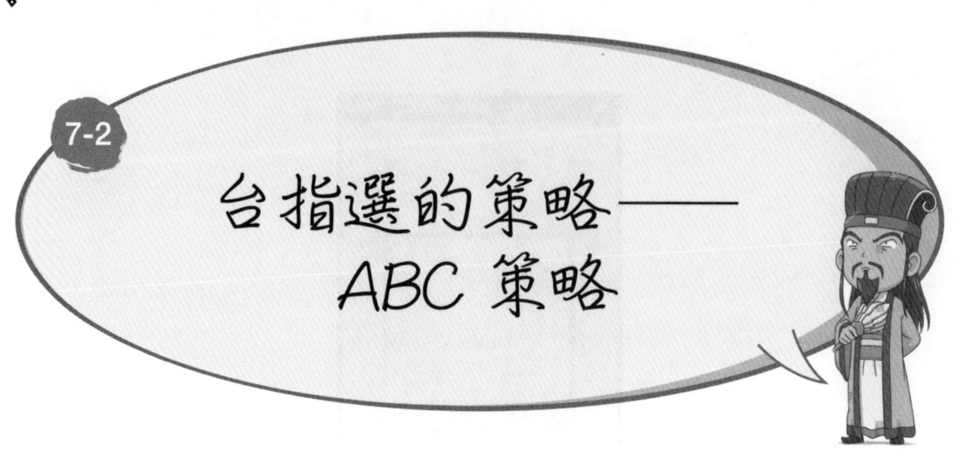

台指選的策略叫做「ABC 策略」，操作方式為「Always Buy Call」，也就是持續買進近月台指買權。ABC 策略的獲利本質跟台指期長期持有策略一樣，都是股指長期向上，大盤漲越多，獲利越多。

買進近月台指買權的特點為，僅需要在一開始購買時支付權利金。持有倉位的期間，無論大盤的走勢如何，都不用再補任何權利金進去專戶，直到結算日，系統會自動結算。

如果加權指數上漲至損益為正，系統會自動進行履約，扣除手續費與交易稅後，將利潤入帳到專戶中。如果加權指數下跌至損益為負時，系統自動不進行履約，權利金因此損失，無法索取回來。

因此買進近月台指買權最大的風險就是賠光權利金，而權利金的報價在交易一開始時就知道了，因此買進近月台指買權的停損機制就是「買進即停損」。比起做多台指期策略，ABC 策略的風險相對有限，當大盤上漲時，漲越多賺越多，而兩種策略皆是獲利無極限。

❖ ABC策略獲利關鍵

近月台指買權有價平、價內與價外的履約價可以選擇，如圖 7-5 所示。到底要買哪一種履約價潛在獲利最高呢？這個問題的解答就是 ABC 策略的關鍵，掌握得好，參與大盤上漲行情的機率就提高許多。

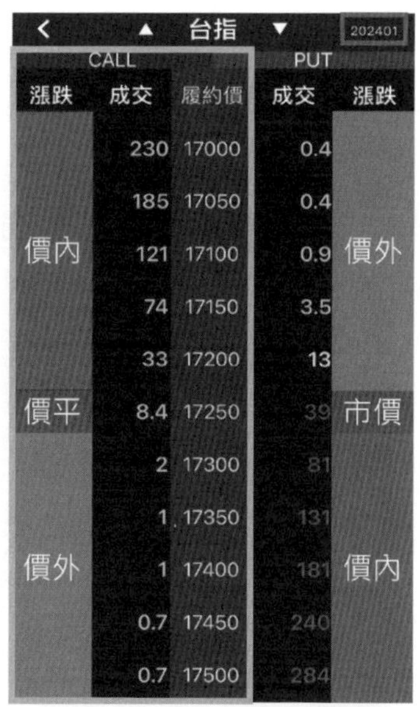

台指 202401

CALL 漲跌	CALL 成交	履約價	PUT 成交	PUT 漲跌
	230	17000	0.4	
	185	17050	0.4	
價內	121	17100	0.9	價外
	74	17150	3.5	
	33	17200	13	
價平	8.4	17250	39	市價
	2	17300	81	
	1	17350	131	
價外	1	17400	181	價內
	0.7	17450	240	
	0.7	17500	284	

▲ 圖 7-5　台指選報價截圖
（資料來源：群益期貨下單軟體）

經由電腦精密的模擬測試，發現在結算日隔天的下午 1:30，買進價外一檔的近月台指買權，獲利機率較高。

由於台指選的契約規格規定當近月契約的履約價格在 3000 點以上時，近月契約間距為 100 點，因此以上圖為例，近月台指買權價平位於 17250，可以先四捨五入到百位數為 17300，再來看價外一檔就為 17400。

❖ 台指選 ABC 策略邏輯

結算日隔天的下午 1:30，買進價外一檔的近月台指買權。

進場交易完畢後，之後完全不用更動倉位，直到結算日時，也就是每個月的第三個星期三，系統會自動平倉。結算日隔天下午 1:30，再買進價外一檔的近月台指買權，以這樣的循環持續操作。

ABC 策略每月只需不到 30 秒的時間操作，不需要持續盯盤。堅持此一操作流程，基於股價指數長期呈現向上趨勢的原則，就有很高的機率能實現長期盈利。

建議準備資金

最少準備台幣 30 萬元，並且用總資金的 10% 下最大口數。例如「台幣 30 萬元的 10% 為 30,000」，價外一檔的近月台指買權如果報價 250，一口的價錢為「250×50＝12,500」，30,000÷12,500≈2，因此就是下兩口。

獲利曲線 & 詳細資訊

由下頁圖可看出，18 年間資金翻了 2.76 倍。如表所示，年化報酬為 5.8%，勝率 48.91%，最大下跌期間起始於 2007 年次級房貸危機期間。

ABC 策略一樣符合不盯盤、不複雜與不動腦的策略，且達到

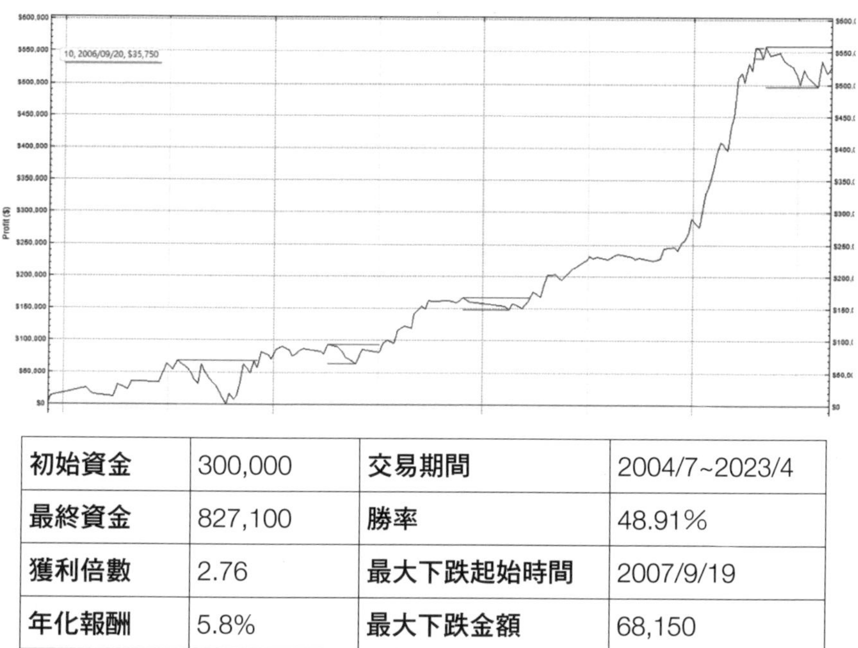

初始資金	300,000	交易期間	2004/7~2023/4
最終資金	827,100	勝率	48.91%
獲利倍數	2.76	最大下跌起始時間	2007/9/19
年化報酬	5.8%	最大下跌金額	68,150

風險有限、獲利無限的境界。許溪南教授在《選擇權交易原理與實務》提到：「整體而言，賣權的賣方為贏家，而買權的買方雖然輸的機會較多，但在成長的市場下，終究會是贏家！」亦即對應到股指長期向上的概念，擔任大盤指數買權的買方，終究會是贏家。

❖ 策略真實對帳單

圖 7-6 為 2023 年 ABC 策略的對帳單，圖 7-7 為 ABC 策略的總損益情況。值得注意的是，並非每個月份都實現盈利，但有獲利的月份都是大賺。

以 1 月和 6 月為例，報酬率均超過 200%，對比之下損失的月

沖銷日期	商品名稱	成交日	買賣	成交價	成交量	來源	損益
2023/01/30	台指權202301 14500Call	2022/12/22	賣出	227	5	履約	--
2023/01/30	台指權202301 14500Call	2022/12/22	買進	15,450	5	履約	180,750
2023/02/15	台指權202302 15400Call	2023/01/31	賣出	151	10	放棄	--
2023/02/15	台指權202302 15400Call	2023/01/31	買進	15,398	10	放棄	-75,500
2023/03/15	台指權202303 15700Call	2023/02/16	賣出	188	7	放棄	--
2023/03/15	台指權202303 15700Call	2023/02/16	買進	15,405	7	放棄	-65,800
2023/04/19	台指權202304 15300Call	2023/03/16	賣出	282	4	履約	--
2023/04/19	台指權202304 15300Call	2023/03/16	買進	15,775	4	履約	38,600
2023/06/21	台指權202306 16100Call	2023/05/18	賣出	252	5	履約	--
2023/06/21	台指權202306 16100Call	2023/05/18	買進	17,230	5	履約	219,500
2023/07/19	台指權202307 17000Call	2023/06/26	賣出	184	10	履約	--
2023/07/19	台指權202307 17000Call	2023/06/26	買進	17,103	10	履約	-40,500
2023/08/16	台指權202308 17200Call	2023/07/20	賣出	219	7	放棄	--
2023/08/16	台指權202308 17200Call	2023/07/20	買進	16,364	7	放棄	-76,650
2023/09/20	台指權202309 16600Call	2023/08/17	賣出	227	6	放棄	--
2023/09/20	台指權202309 16600Call	2023/08/17	買進	16,537	6	放棄	-68,100
2023/09/20	台指權202309 16600Call	2023/08/22	賣出	185	1	放棄	--
2023/09/20	台指權202309 16600Call	2023/08/22	買進	16,537	1	放棄	-9,250

▲ 圖 7-6　2022/12/22~2023/9/20 對帳單

總計

項目	台幣	人民幣	美元	日幣
總口數	110			
總損益	103,050	--	--	--
總手續費	1,106			
總交易稅	955			

▲ 圖 7-7　2022/12/22~2023/9/20 ABC 策略的總損益

份為小賠。即使 7～9 月連續三個月都賠錢，最終總損益還是正的。再次強調，追求大賺小賠一直是從事交易的終極目標。

單純看對帳單時，覺得有賺錢、績效還不錯。然而實際操作中，往往會面臨各種雜訊和消息的干擾，即便知道策略的操作就是這麼簡單，實際執行起來卻可能遇到困難，做不下去。唯獨摒除雜念，堅定執行策略，才能笑到最後成為市場中的贏家。

以下挑選 2023 年 1 月與 6 月近月台指買權合約的持倉狀態，來瞧瞧當時候究竟發生了什麼事情。讓各位深刻體會實際進行交易時，可能面臨的情境，真實感受其中的挑戰和變數，以及最終我們如何化解這些情況，成為堅持的力量。

❖ 執行策略的實際心路歷程

圖 7-8 顯示 2022 年 12 月近月台指買權合約結算前加權指數的走勢，得知在結算前一個禮拜四，也就是 12 月 15 日，美國聯準會公告升息 2 碼。最新利率點陣圖預估 2023 年全年皆會維持在高利率，當天收在 14734 點。接著加權指數就一路向下，12 月 21 日結算日當天收盤 14234 點，不到一週整整下跌 500 點，系統性風險增強，未來走勢似乎不太樂觀。

在這樣的下跌趨勢中，策略仍然顯示 2022 年 12 月期貨與選擇權合約結算日後，要買進 2023 年 1 月台指買權。很有可能一下單就馬上虧損，且無法確定跌的程度會多嚴重。天人交戰之下我們還是選擇遵守紀律、尊重策略，反正 ABC 策略為「進場即停損」，既然已經做好防守了，剩下的就是放到結算，等待結果。

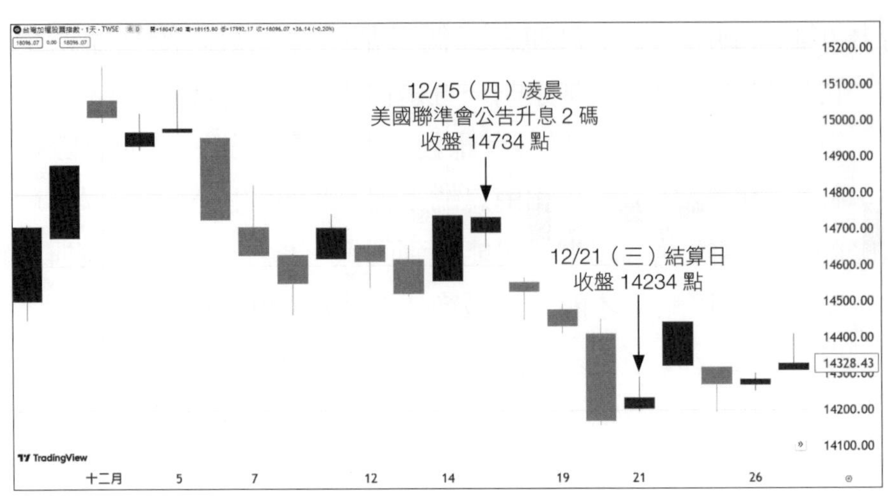

▲ 圖 7-8　台灣加權指數走勢圖
（資料來源：TradingView）

商品名稱	買賣	即時價	成交均價	未平倉口數	未平倉損益
台指權202301 14500Call	買進	227	227	5	-253.5

▲ 圖 7-9　2023 年 1 月台指買權進場對帳單

圖7-9 為2023 年1 月台指買權進場當天的對帳單，成交均價在227。

2022 年 12 月 27 日國發會公布景氣報告，指出受出口、生產、銷售下滑的影響，11 月景氣轉為代表低迷的藍燈。景氣分數從 10 月的 18 分，驟降到 12 分，為近四年來首顆藍燈。加權指數收在 14328 點（圖 7-10 ），隔天 28 日開始連續下跌 2 天，最低點還跌破 14000 點。從進場至今，市場真的是一路向下，沒有在客氣的。

因此買權價格大跌，如圖 7-11 所示，29 號只剩下 86，與成交均價 227 相比，跌幅約 62%。

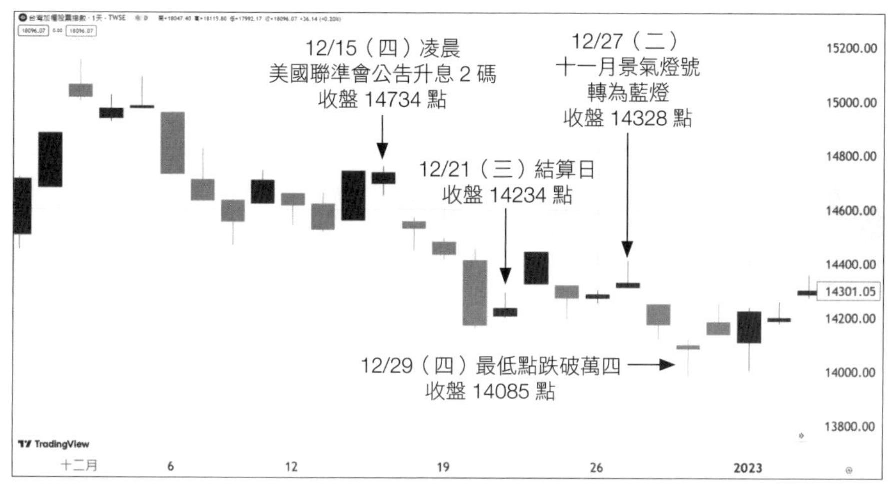

▲ 圖 7-10　台灣加權指數走勢圖
（資料來源：TradingView）

商品名稱	買賣	即時價	成交均價	未平倉口數	未平倉損益
台指權202301 14500Call	買進	86	227	5	-35,468.25

▲ 圖 7-11　2022/12/29 對帳單

市場短短兩週內，從 15 日到 29 日大幅下跌，加權指數蒸發了 649 點。當時，一些參與股票交易和多頭操作的朋友們很緊張，急忙打電話來問怎麼辦。他們認為 12 月的市場是下行趨勢，從月初的近萬五，跌到剩萬四，顯示市場有可能持續下跌。這幾天他們半夜睡不著，心理一直想著要不要趕快離場收手、賠錢了事，三不五時就想看手機，做任何事情都無法專心。

而我只是簡單地給予一些忠告，做交易時要保持心如止水，摒除人為雜念，嚴格遵循策略條件，不要隨意加入額外情緒或判斷，因為只會火上加油。火燒得更旺，荷包減損的越快，所以我選擇繼續守住原則、守住倉位，即使買權價格跌得慘兮兮，也不被市場波動所左右。

就這樣抱持著倉位，度過了 2023 年的元旦假期，2023 年 1 月 3 日開盤，加權指數守住萬四，買權的價格也有一點回升，來到 127（圖 7-12）。

商品名稱	買賣	即時價	成交均價	未平倉口數	未平倉損益
台指權202301 14500Call	買進	127	227	5	-25,228.5

▲ 圖 7-12　2023/1/3 對帳單

之後美國勞工部在 1 月 6 日公告 2022 年 12 月的非農就業報告表示，就業人數成長的幅度高於市場預期、失業率還在下滑，但薪資增長的速度相對放緩，服務業活動減少。代表民眾的消費力可能因此減弱，緩解了市場對於聯準會繼續升息的不安。認為經濟有逐漸在減速，讓火熱熱的勞動市場數據從利空轉為利多消息。當天收盤後，美股四大指數均大漲超過 2%，其中費城半導體指數飆到近 5%。

這股漲勢風潮也吹到了台股，1 月 9 日週一開盤，加權指數跳空漲了 100 多點，來到 14504 點。秉持著輸人毋輸陣，輸陣歹看面的精神，當天一路領漲，來個大紅 K 棒，漲幅超過 2%，最後收在 14752 點，如圖 7-13。

圖 7-14 顯示，買權的價格瞬間在 1 月 9 日飆到 376，1 月 10 日更是衝到 405，與上週的價格 127 相比，漲幅高達 218%。

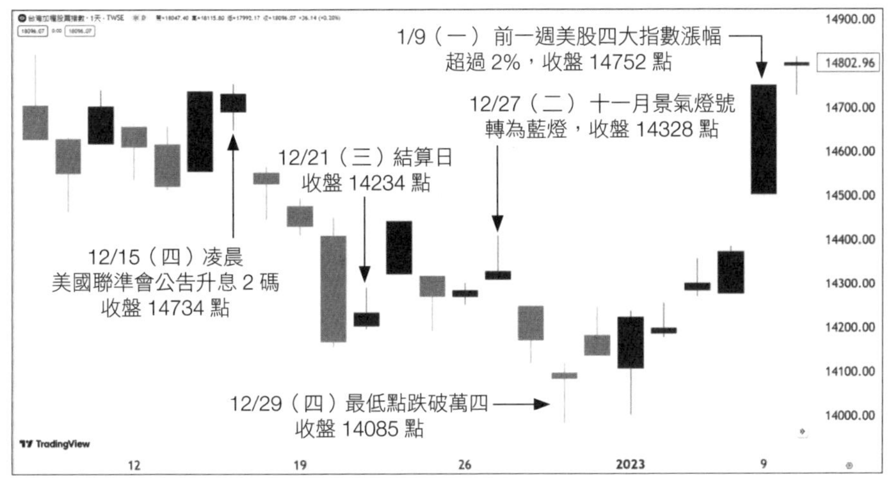

▲ 圖 7-13　台灣加權指數走勢圖
（資料來源：TradingView）

功能	商品名稱	買賣	即時價	成交均價	未平倉口數	未平倉損益
平倉	台指權202301 14500Call	買進	376	227	5	36,959.25

功能	商品名稱	買賣	即時價	成交均價	未平倉口數	未平倉損益
平倉	台指權202301 14500Call	買進	405	227	5	44,202

▲ 圖 7-14　2023/1/9 及 1/10 對帳單

台灣期貨與選擇權的結算日，是在每個月的第三個禮拜三，2023 年 1 月 17 日是禮拜二，原本是在 1 月 18 日禮拜三結算，但因為卡到農曆過年，1 月 18 日至 1 月 29 日市場無交易。因此 2023 年 1 月的台指買權合約，要延至 1 月 30 日星期一才會結算。

記得在 1 月 17 日快收盤前，朋友傳訊息來關心我，確定要將倉位持有到過年嗎？他們不管當初設的條件，都已經提前出清手上的所有部位，深怕過年期間，市場發生閃失，導致年後的獲利全部化成灰。因此一再勸告我至少應該先拿回本金，不要硬撐到過年，當天的收盤指數為 14932 點，走勢圖及對帳單如下。

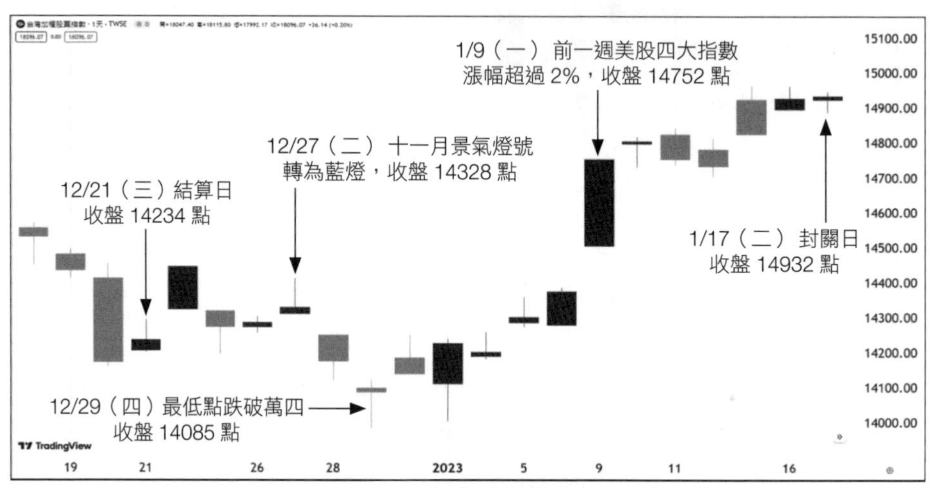

▲ 圖 7-15　台灣加權指數走勢圖
（資料來源：TradingView）

商品名稱	買賣	即時價	成交均價	未平倉口數	未平倉損益
台指權202301 14500Call	買進	448	227	5	54,941.25

▲ 圖 7-16　2023/1/17 對帳單

對於他人的關心仍然感到感激，因為沒有人有義務關心自己以外的人事物。但是表達謝意後，還是堅持遵守策略原則，持有到結算日，不輕易改變主意，後來發現我們是少數在過年期間還持有倉位的人。

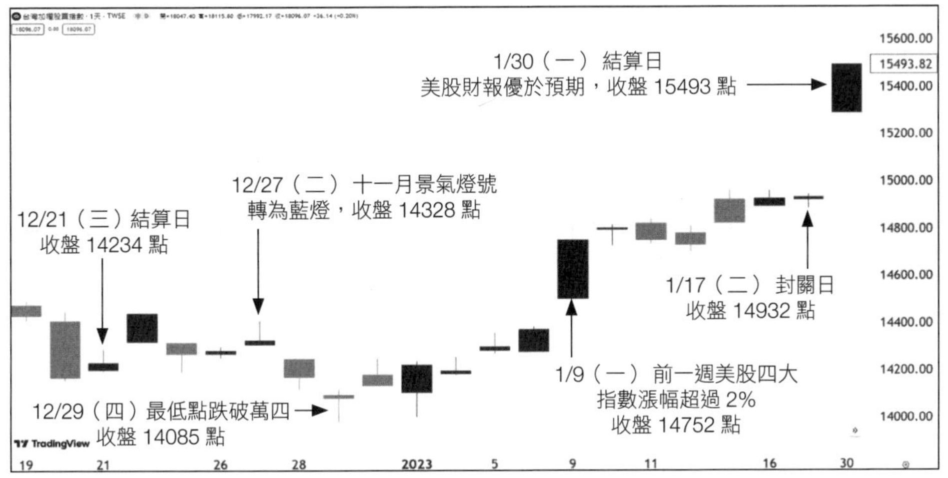

▲ 圖 7-17　台灣加權指數走勢圖
（資料來源：TradingView）

原本大家擔憂會出現的閃失，在 2023 年農曆新年期間，反而是喜訊大爆發。美股中，部分公司的財報優於預期，尤其是電動車龍頭特斯拉（TSLA）與半導體設備商艾司摩爾（ASML）推動美股，迎來了另一波漲勢。

與此同時，高盛證券調升對台股投資評等，在兔年新春開盤後的 1 月 30 日，加權指數跳空上揚。圖 7-17 顯示從 1 月 17 日的 14932 點，到 1 月 30 日開盤時突破萬五，本月第二次跳空的大紅 K 棒，最後收盤為 15493 點，漲幅高達約 3.76%，上漲 560 點。

這樣振奮的消息也反映在買權的價格，當天結算後，總損益來到 180,750，如圖 7-18 所示。相對於成交價的成本 56,750（227×50×5），漲幅高達 218%，真的是不容小覷。

沖銷日期	商品名稱	成交日	買賣	成交價	成交量	來源	損益
2023/01/30	台指權202301 14500Call	2022/12/22	賣出	227	5	履約	–
2023/01/30	台指權202301 14500Call	2022/12/22	買進	15,450	5	履約	180,750

▲ 圖 7-18　2022/12/22~2023/1/30 對帳單

回顧這一個月，其實我們只有做一件事情，那就是在應該進場的時候果斷進場。連平倉都沒有做，直接由系統自行結算，完全不理會市場波動。

這樣的操作完全不用盯盤、一個月不用花超過 30 秒、更不用一直在市場裡殺進殺出，十分容易複製。有朋友有打電話來恭喜，但同時也埋怨自己衝動的行為，讓荷包的漲幅減少許多。

從這裡可以看出，這看似簡單的行為，背後其實歷經了許多事件，一定要有堅強意志和嚴謹的紀律，才能不理會市場上的雜訊、忽略無意義的擔憂，完全照著策略走，得到應有的報酬。

接下來一起來看 2023 年 6 月台指買權結算前，發生了什麼事！

圖 7-19 顯示，在 5 月台指買權結算前一週，5 月 11 日受到美債違約危機影響，美股收黑，連帶影響台股。加權指數當天一根綠 K，下跌約 0.81%，收盤在 15514 點。隨即因為 520 行情，過去 10 多年漲多跌少，上漲機率超過 5 成。

加上三大法人買超台股的助力，即便有美債違約的問題尚未解決，5 月 17 日，5 月台指買權結算日時，加權指數還是有高達 1.6% 的漲幅，來到 15925 點，隔天就順利站上萬六。

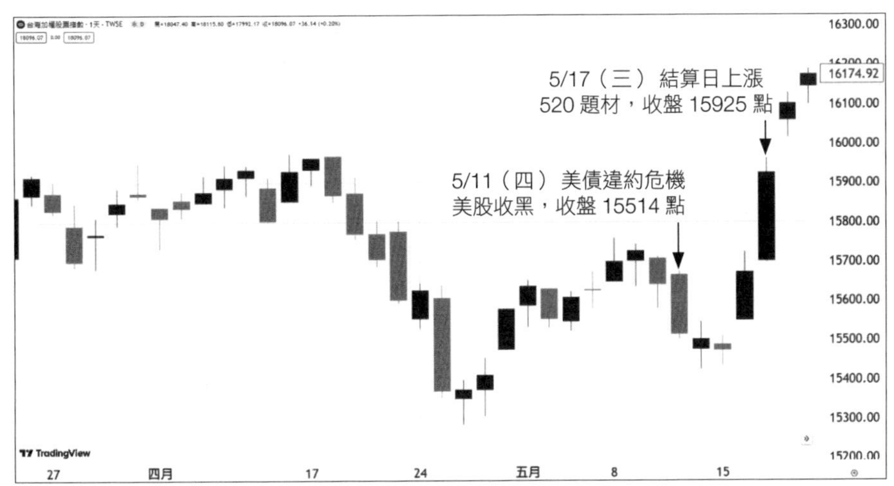

▲ 圖 7-19　台灣加權指數走勢圖
（資料來源：TradingView）

圖 7-20 為 6 月台指買權進場當天的對帳單，成交均價在 252。進場後，還記得當時一些投顧與財經新聞表示，美國債務上限議題還在協商，尚未達成協議。在這樣樂觀的氣氛下，要留意急漲後的失望性賣壓，不要急忙地跑去追價。

商品名稱	買賣	即時價	成交均價	未平倉口數	未平倉損益
台指權202306 16100Call	買進	252	252	5	-266

▲ 圖 7-20　2023 年 6 月台指買權進場對帳單

5 月 24 日，美股 GPU 大廠輝達（NVDA）公布財報，無論營收還是每股盈餘，皆遠高於分析師的預期。且下一季的營收展望，市場原本預估落在 70 億至 80 億之間，輝達則預計會破百億，即使當天股價收黑，但盤後股價最高還是飆到 28%，威力十分驚人，也讓生成式 AI 成為熱門的討論話題。圖 7-21 顯示 5 月 26 日加權指數開盤直接跳空，不給任何便宜的機會上車，終場收在 16505 點。買權價格也隨即漲到 462（圖 7-22），與成交均價相比，漲幅高達 83%。

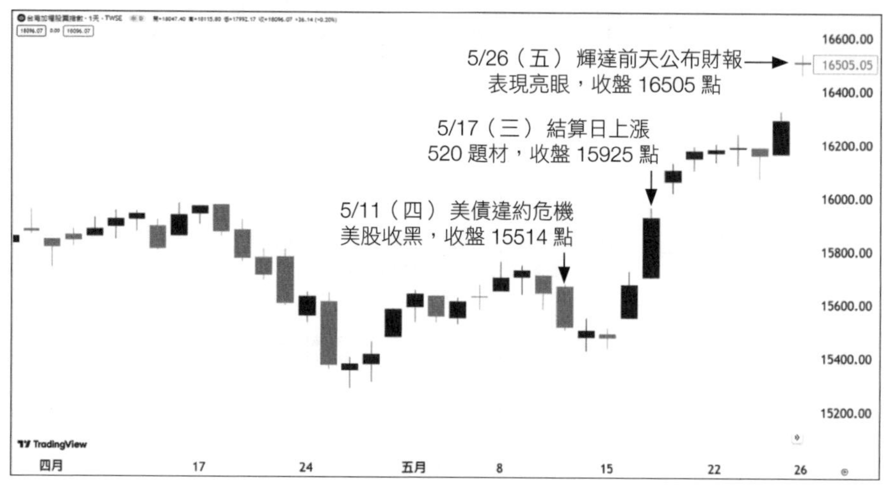

▲ 圖 7-21　台灣加權指數走勢圖
（資料來源：TradingView）

商品名稱	買賣	即時價	成交均價	未平倉口數	未平倉損益
台指權202306 16100Call	買進	462	252	5	52,181.5

▲ 圖 7-22　2023/5/26 對帳單

5 月 27 日星期六美股大熱門，輝達的創辦人兼執行長黃仁勳到台大的畢業典禮擔任致詞嘉賓，開啟一陣追星旋風，尤其是他分享的一段話「Run, don't walk. Remember, either you're running for food, or you are running from becoming food.」中文翻譯為「跑吧，別用走的，不管是為食物而跑，還是為了避免成為食物而跑」，更是激勵各位努力起來，追逐目標。

有了黃仁勳的加持加上熱門題材，過了一個週末 AI 股大爆發，5 月 29 日加權指數持續跳空，終場收在 16636 點（圖 7-23）。這波生成式 AI 浪潮，加上 2022 年底 ChatGPT 熱潮，讓台灣的科技產業皆增加了許多訂單。

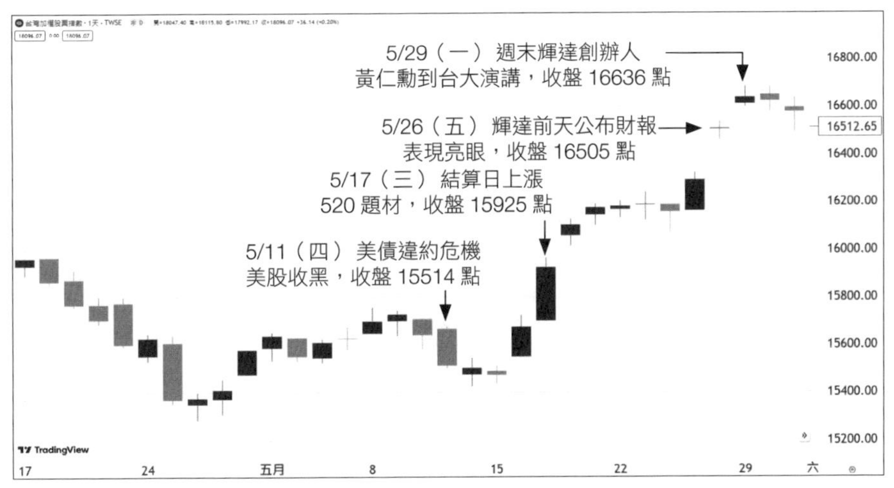

▲ 圖 7-23　台灣加權指數走勢圖
（資料來源：TradingView）

買權價格來到 560（圖 7-24）已經翻了超過 2 倍，從數據預測未來，得知市場對未來走勢是非常樂觀的。

商品名稱	買賣	即時價	成交均價	未平倉口數	未平倉損益
台指權202306 16100Call	買進	560	252	5	76,657

▲ 圖 7-24　2023/5/29 對帳單

圖 7-25 顯示美國時間 6 月 1 日，通過債務上限協議，危機暫時解除，加上碳權與觀光題材的加溫後，6 月 2 日加權指數終場收高，漲幅 1.18%，來到 16706，接著一路緩步上升，離萬七不遠了。

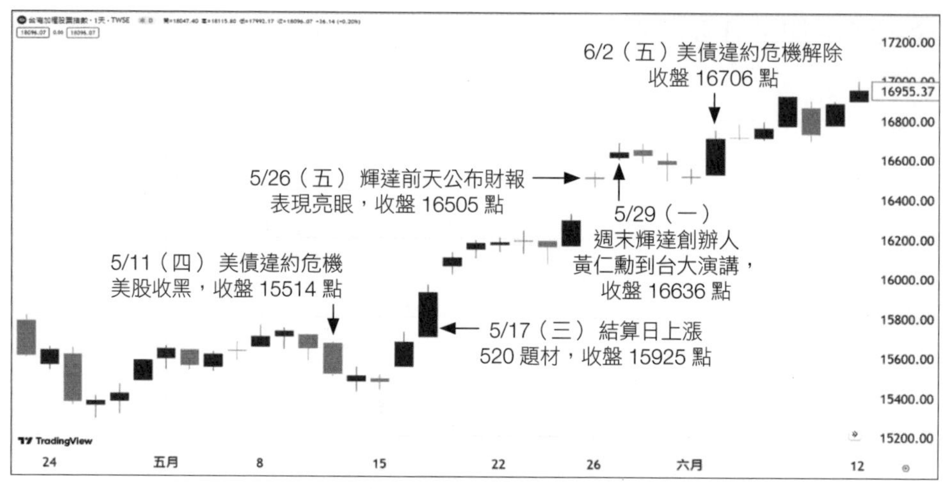

▲ 圖 7-25　台灣加權指數走勢圖
（資料來源：TradingView）

商品名稱	買賣	即時價	成交均價	未平倉口數	未平倉損益
台指權202306 16100Call	買進	645	252	5	97,885.75

商品名稱	買賣	即時價	成交均價	未平倉口數	未平倉損益
台指權202306 16100Call	買進	800	252	5	136,597

▲ 圖 7-26　2023/6/2 及 6/9 對帳單

如圖 7-26 顯示，買權的價格也從 6 月 2 日 645，一個禮拜之後上升到 6 月 9 日 800。當時還是有許多人說大盤一定會再回檔，但是目前的價格數據就是一直在漲，市場正在告訴投資者目前是上漲趨勢！

6 月 13 日美國勞工部公布 5 月通膨數據再度降溫，預測聯準會利率政策的指標芝商所 FedWatch 工具顯示，市場預估聯準會當週不升息的機率超過 7 成，美股四大指數全部上揚。圖 7-27 顯示，6 月 13 日台股又再次上演跳空戲碼，直接突破萬七，收在 17216 點，買權價格也漲破 1,000（圖 7-28），來到 1,120。

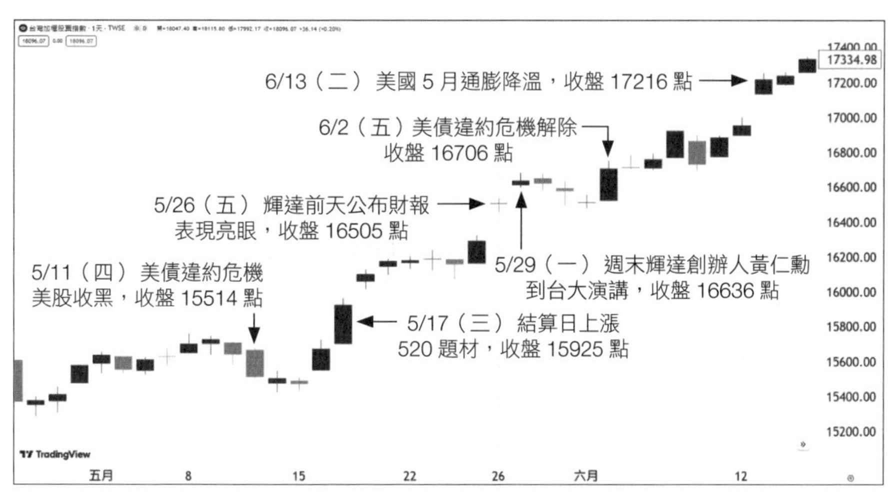

▲ 圖 7-27　台灣加權指數走勢圖
（資料來源：TradingView）

商品名稱	買賣	即時價	成交均價	未平倉口數	未平倉損益
台指權202306 16100Call	買進	1,120	252	5	216,517

▲ 圖 7-28　2023/6/13 對帳單

終於來到 6 月 21 日結算日！加權指數終場收在 17202 點（圖 7-29）我們堅守策略的作戰計畫，在排除萬難、克服身旁的阻攔以及應對市場波動的過程中，確保沒有發生任何閃失，終究獲得近 250% 的漲幅，如圖 7-30 所示，獲利倍數超過 3 倍。

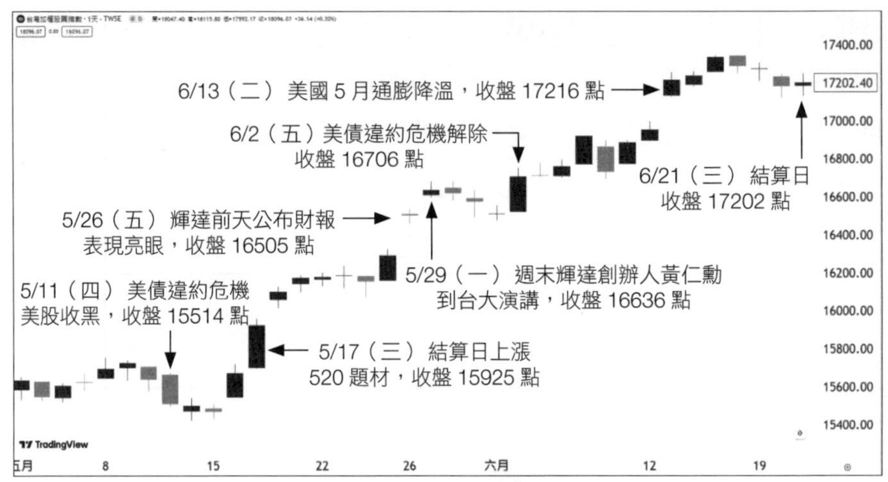

▲ 圖 7-29　台灣加權數走勢圖
（資料來源：TradingView）

沖銷日期	商品名稱	成交日	買賣	成交價	成交量	來源	損益
2023/06/21	台指權202306 16100Call	2023/05/18	賣出	252	5	履約	–
2023/06/21	台指權202306 16100Call	2023/05/18	買進	17,230	5	履約	219,500

▲ 圖 7-30　2023/5/18~2023/6/21 對帳單

在這波 AI 浪潮中，有人認為我們是因為運氣好才能跟上，還有人說這次只是因為市場沒有回跌，否則可能就虧損慘重了，那些人依然在等待市場回跌。然而，事實就是我們已經賺到錢了，一直數落的人卻沒有。

當你走在正確的道路上時，一定會遇到身旁的許多阻礙。成功後，有些人可能會繼續落井下石，或將成功歸咎於運氣。

但事實就是，我們已經在戲棚下待很久了，將自己的心態鞏固好，把紀律擺在前面。不隨意藐視市場，也不隨便把自己的意見凌駕在市場之前，實實在在地尊重市場數據顯示的事實。跟著趨勢，一步一腳印往前走，績效也就會一步一步地往上提升！

重點整理

跟著諸葛亮操作：台指選 ABC 策略

投資心法

投資是為了讓生活品質變得更好，不需要長時間盯盤、不受市場波動來影響投資心態，是我們的目標。

ABC 策略的獲利本質與台指期長期持有相同，一樣是基於股指長期向上的特性。此策略在執行上有一項獨特的優勢「進場即停損」，也就是最大虧損金額被控制住了。

交易期間無論大盤的走勢如何，完全不用再追加保證金，擔任選擇權的買方特點是風險有限，獲利無限，因此 ABC 策略的獲利無極限。

操作步驟

1. 結算日隔天的下午 1:30，買進價外一檔的近月台指買權。

2. 最少準備台幣 30 萬元，並且用總資金的 10% 下最大口數。

3. 進場交易完成後完全不用更動倉位，直到結算日時，讓系統自動平倉後，在結算日隔天再次進場。

實際操作解說

民國112年 公曆2023年五月 農曆癸卯年 [兔年]						
星期日	星期一	星期二	星期三	星期四	星期五	星期六
十一 30	十二 1 勞動節	十三 2	十四 3	十五 4	十六 5	立夏 十七 6
十八 7	十九 8	二十 9	廿一 10	廿二 11	廿三 12	廿四 13
廿五 14 母親節	廿六 15	廿七 16	廿八 17	廿九 18	四月 初一 19	初二 20
小滿 初三 21	初四 22	初五 23	初六 24	初七 25	初八 26 佛誕節	初九 27
初十 28	十一 29	十二 30	十三 31	十四 1	十五 2	十六 3

▲ 2023 年 5 月日曆
（資料來源：Calendar 411）

沖銷日期	商品名稱	成交日	買賣	成交價	成交量	來源	損益
2023/06/21	台指權202306 16100Call	2023/05/18	賣出	252	5	履約	--
2023/06/21	台指權202306 16100Call	2023/05/18	買進	17,230	5	履約	219,500

▲ 買進 2023 年 6 月台指買權對帳單

以 202306 台指買權為例，在當月結算日的隔天 5 月 18 日，買進近月價外一檔的台指買權，也就是買進 2023 年 6 月點位在 16100 的買權。在此是買 5 口，權利金報價點數 252，之後都沒有更動倉位，直到結算日 2023 年 6 月 21 日時，讓系統自動平倉，平倉的結算價在 17,230，當月損益 219,500。

結語

最完整的投資指南，助你成為市場上的贏家

所有章節到此告一段落，相信你對各種金融商品，包含包含台股、美股、ETF、加密貨幣、期貨以及選擇權，皆有更深入的認識了。

每個章節介紹的策略，除了解釋策略邏輯，還分享策略發想的過程、獲利本質、淨值曲線與策略詳細資訊等。讓各位能夠更全面了解每個策略，知道獲利與虧損的每一分錢從哪裡來。盡可能地掌握所有局勢，一切都準備好之後再進場，最後才會成為市場的贏家，如同孔明的出兵戰略名言：「智者先勝而後求戰，闇者先戰而後求勝」。

無論你是投資新手或老手，若苦於找不到一個明確的獲利方式，書中的內容絕對可以幫助到你。因為本書的定位是提供投資新手到老手能適用的交易指南，偏重於基本知識。

當各位對基礎知識與交易策略的邏輯有一定概念，未來在進階操作或自行創建策略時，學習的速度會更快。本書的每個策略都有可優化的空間，如果對書籍內容或策略有任何疑問，或是對電腦回測有興趣，皆歡迎寄 E-Mail 或是加入 LINE 官方帳號詢問，我們都

會竭盡所能地回覆各位的問題。

當你掌握訣竅後，在投資道路上絕對可以避免許多不必要的錯誤，並且更快達成自己的投資目標。往後做任何決定前，金錢不再是第一考量，而是能夠完全根據自己的意願去追求想做的事情，不想做也可以毫不猶豫地拒絕。

加油！讓我們在財富金字塔頂端相見。

謀略大師諸葛亮LINE官方帳號QR Code
LINE官方帳號網址：https://lihi.cc/9iceX
E-Mail：billionsman8@gmail.com

附 錄 1

諸葛亮的獨門 10 大交易心法

在投資交易的道路上，大多數人都會認為，最難的部分是選定一個金融商品、發想出好的策略。但是其實最難的是心態，當投資心態出現偏差，即使策略發想的再完整、獲利績效再好，還是無法在投資市場裡賺到錢。

因為做不到紀律、無法堅持策略，一遇到虧損就想落跑，永遠只能被割韭菜。

以下 10 點是我們根據投資經驗，總結出的法則與常見的行為偏差。只要堅持走對的道路，學著避免路上的絆腳石，你就能贏過市場上 80% 的人了，也會讓投資獲利不再是一件很困難的事情！

1. 會死的路不要走

查理．蒙格是股神巴菲特最好的夥伴與公司合夥人，他出了一本很有名的書《窮查理的普通常識》。書裡提到有一位鄉下人曾經說過：「我只想知道我將來會死在什麼地方，這樣我就可以永遠不去那裡」。

在投資的道路上，會死的道路就是「借錢投資、聽小道消息、茭輸搏大、沒有紀律」。這些路絕對不要走，一旦開始走，即便一開始有獲利，最終一定會是死路一條。

2. 追求大賺小賠

依照策略投資時，千萬不要看到一點點獲利，就不管三七二十一，即使策略的訊號沒有指示出場，就直接獲利了結。會想要衝動讓獲利入袋，主要原因來自人類的其中一項生存本能。

遠古時期由於尚未發明電冰箱，當捕到一頭獵物時，最好的食物保存方式是把它吃掉，直到肚子撐得無法再進食為止，因為不知道下一餐在哪裡。這種行為模式解釋了，為何我們對於到手的東西不見會感到特別痛心。

就像買股票一樣，股價起漲時如果沒有及時賣掉，股價跌下來時，你可能會懊惱不已，心想早知道就趕快賣一賣了。因此，只要股價漲一點點，人類的生存本能就會啟動，叫我們趕快獲利了結，入袋為安。

然而遇到這樣的情況時，請一定要提醒自己，現在已經是 21 世紀，我們有冰箱了！不需要一口氣吃光所有的食物，吃不完的東西可以放冰箱保存起來。同樣地，投資時不急著賺取一點點獲利，而是要有耐心且有紀律地執行策略，終究會成為勝利的那一方。

3. 鱷魚法則，狠下心來停損

當你被鱷魚咬到腳的時候，最佳的脫逃方法是迅速切斷被咬的那隻腳，否則最後可能整個人都被會鱷魚吞噬。

同理，當股票下跌時，策略的訊號變成賣出停損，這時不要一心還想著要加碼攤平，等股價漲回來，因為有相當大的機率是只會越攤越平，虧損越來越多。

如果發生一次好運，讓你凹到漲回來，下次你絕對會繼續凹，而且加碼的金額會越來越多。這輩子只要遇到一次價格沒上來，積蓄就會全部還給市場了，到時就只能欲哭無淚。

4. 結果偏差，避免放馬後炮

當投資策略開始回檔時，如果抱持著「當初怎麼樣怎麼樣……就好了」的想法，表示你已經落入結果偏差，簡單來說就是放馬後炮。

投資最重要的是過程，只要過程對了結果就會對。如果不考量決策時的情況，單純以結果論成敗，你一定不會照著策略的條件去執行，而參雜一堆主觀意識，瘋狂祈禱自己是那個幸運逃過鱷魚嘴巴的人。

5. 近期偏差，眼前的黑不一定是最黑

近期偏差指的是過度偏重最近的數據或經驗，而忽略或低估早期的資訊。就像是你買了某個廠牌的車後，突然覺得路上和你同款的車子變多了，雖然可能真的變多，但也有可能是你之前沒有留意而已。

還有一個明顯的例子，就是當你去買樂透的前一天晚上，如果夢到一些數字，醒來後會傾向於將周遭的事物與那些數字聯繫起來。

所以千萬別讓大腦騙了自己，只看到某個策略或金融商品近期

表現不錯，就盲目跟風，一定要重視策略的電腦模擬測試結果，且測試的時間拉越長越好。

6. 定錨效應，不要對價格訂標準

定錨效應指的是對新事物的初次印象，就像一個錨點，即使與之後的決策無關，但初次印象還是會深刻影響決策的制定。

以宏達電（2498）的股價為例。宏達電曾經是台灣股王，股價一度飆升至1,200多元。這段高漲期間吸引許多股民進場，但隨後進入下跌趨勢。2015年股價跌破百元，有一名80多歲被套牢的股東喊話：「沒看到股價回到1,000元實在不甘心」，這就是很明顯落入了定錨效應的陷阱。

如果每支股票都會回到前高，股票市場就沒有股票會下市了。直到現在，宏達電的股價還是一直在2位數徘徊。因此絕對不要對任何價格定錨，一看到策略訊號請你離場，就要趕緊離場，千萬不要逗留，以免造成更大的損失。

7. 跟風效應，要學會獨立思考

遠古時代人類為了躲避猛獸襲擊，必須集結在山洞中。當一群人去打獵，只要有一個人開始奔跑，其他人即使不知道原因，也一定跟著跑。因為只要左顧右盼，思考發生什麼事的瞬間，獅子很有可能就把你咬死了。

因此跟風效應一直藏在人類的本能之中，歷史上才會發生許多泡沫化事件，例如17世紀的荷蘭鬱金香泡沫事件及2008年的金融危機。在投資市場一定要有獨立思考的能力，一旦跟風和大多數人做一樣的事，下場很有可能就是被割韭菜。

8. 稟賦效應，不要放感情在投資標的上

稟賦效應指的是過度看重自己擁有的東西。例如看到自家小孩做錯事，如果父母的心態是「我家的小孩很乖，一定都是被別人帶壞的」，這就是稟賦效應的體現。

例如你花很多時間研究一支股票、做了很多功課後，結果一買就跌。許多投資人會想：「怎麼可能，所有的數據都顯示它非漲不可。」於是你可能會四處找人來認同自己的看法，但事實上就是：該股票目前處於下行趨勢。

如果策略顯示需要停損，你卻不願意放手還持續抱著標的，獲利就會隨之而去。所以絕對不要對任何金融商品產生感情，它只是一個代號或投資標的而已，不要拽著他不放手。

9. 太多的訊息不如沒有訊息

許多人每天一早就會看財經新聞台、閱讀財經報紙和瀏覽一堆財經網站的文章。但其實你看到的這些資訊，基本上都已經是落後的訊息，市場價格可能早就反應完了。

如果單純根據當天看到的消息進行投資，而不做任何深入研究，就有極大的可能成為主力出貨對象，金融商品買了就跌、賣了就漲。因此與其看一堆新聞與文章，追求最新訊息，不如靜下心來多看書，並且運用歷史資料進行電腦模擬測試，還比較實在。

10. 做好資金與風險管理

投資的錢一定要是能夠容忍損失的資金、可以輸得起的錢，即使這筆錢輸光了，都不會對日常生活和心情有明顯影響。這樣一來，用這筆錢來投資，才能確保自己可以遵守紀律，全心全意地執行投資策略，不會三心二意。

決定好投資的本金後，就要盡可能分散資金以及分散風險，不要把所有錢投入同一個策略與標的。因為投資市場瞬息萬變，單一策略不太可能適應所有的市況與波動。透過各種不同策略與標的優化投資組合，不但可以降低整體風險，還有助於提升潛在報酬，創造出更穩健的獲利機會！

附錄 2

獲利程式碼大公開，你也可以跟著做

國家圖書館出版品預行編目（CIP）資料

諸葛亮的買進投資日記：我用程式科學，躺賺存股、期貨、加密貨幣、ETF 的獲利公式！／諸葛亮、JH 著. -- 新北市：大樂文化有限公司，2024.10
240 面；17×23 公分. --（優渥叢書 Money；079）

ISBN 978-626-7422-54-0（平裝）
1. 股票投資　2. 投資技術　3. 投資分析
563.53　113013540

Money 079

諸葛亮的買進投資日記

我用程式科學，躺賺存股、期貨、加密貨幣、ETF 的獲利公式！

作　　者／諸葛亮、JH
技術顧問／姜自強
封面設計／蕭壽佳
內頁排版／王信中
責任編輯／林育如
主　　編／皮海屏
發行專員／張紘蓁
財務經理／陳碧蘭
發行經理／高世權
總編輯、總經理／蔡連壽
出 版 者／大樂文化有限公司（優渥誌）
地址：220新北市板橋區文化路一段 268 號 18 樓之一
電話：（02）2258-3656
傳真：（02）2258-3660
詢問購書相關資訊請洽：2258-3656
郵政劃撥帳號／50211045　戶名／大樂文化有限公司

香港發行／豐達出版發行有限公司
地址：香港柴灣永泰道 70 號柴灣工業城 2 期 1805 室
電話：852-2172 6513　傳真：852-2172 4355

法律顧問／第一國際法律事務所余淑杏律師
印　　刷／韋懋實業有限公司

出版日期／2024 年 10 月 31 日
定　　價／320 元（缺頁或損毀的書，請寄回更換）
I S B N／978-626-7422-54-0